나무에서 만난
경영지혜

리 더 는 나 무 에 서 배 운 다

나무에서 만난
경영지혜

김종운 지음

예미

소나무부터 감나무까지 우리가 주변에서 자주 만나지만 뭔가 구체적으로는 잘 알지 못하던 스물다섯 나무를 선택하여 각각의 나무가 주는 경영 스토리Story와 경영 스테이지Stage 그리고 경영 스타일Style을 차분히 쉽게 설명해 주어 늘 간직하고픈 깊은 영감으로 가득한 이 책은 경영자의 서재를 경영의 숲으로 만들어 갑니다.

한국고객만족경영학회장 · 인하대학교 경영학과 교수 **김연성**

'사이 간間'은 특별한 의미를 가진다. 인간人間, 시간時間, 공간空間. 우리는 사람과 역사와 자연과의 관계 속에서 삶을 이어 간다. 지속가능경영과 사회적가치경영의 중요성이 강조되는 요즘 세상에서 생존하기 위해 경영은 인간, 시간, 공간의 변화에 적응하며 살아 움직여야 한다. 급변하는 환경에서 경영자는 어떻게 생존에 필요한 지혜를 얻을 수 있을까? 이런 물음에 저자는 답한다. 우리 곁에 묵묵히 있는 나무에 그 메시지가 있다고.
《나무에서 만난 경영지혜》는 나무의 특징과 경영의 요소를 연결한 흥미진진한 스토리와 함께 경영의 이론과 실제를 자연스럽게 전달하는 책이다. 필독을 권한다.

경영철학자 · 자의누리경영연구원장 **서진영**

저자와의 첫 인연은 2013년 자동차 보상에 대한 고객경험 개선 컨설팅이 계기가 됐다. 이후 꼭 10년의 인연을 이어 오고 있는데, 크게 드러내지 않고 욕심내지 않으면서도 항상 그 자리에 있는 사람이라고 표현할 수 있겠다. 마치 이 책에서 말하는 나무와 같은 모습이 아닌가 싶다. 그런 점에서 저자가 제시하는 스물다섯 가지의 나무를 통해 배우는 경영의 길에 신뢰가 느껴진다.

삼성화재애니카손해사정(주) 대표이사 **손을식**

많은 사람들이 나무와 같은 삶을 말하기도 한다. 나무가 가진 굳건함, 영원함 등의 이미지 때문이 아닐까? 기업도 법인法人인지라 사람의 삶을 닮았다. 그렇다면 나무를 통해 삶을 조명해 보듯 나무를 통해 경영을 조명해 보는 것도 재미있겠다는 생각을 하게 된다. 이 책은 편안하고 쉬운 글로 나무도 알고 경영도 되새겨 보는 기회를 제공해 준다. 경영자의 바쁜 일상에 잠깐 쉼표를 줄 수 있는 책으로 추천하고 싶다.

현대글로비스 주식회사 대표이사 이규복

일반 사람들이 모두 식물학자처럼 나무를 알 필요는 없습니다. 다만 살아가면서 내 주변에 있는, 자주 마주치는 나무를 보며 이름 정도는 알아 두면 좋지 않을까 합니다. 이름을 알면 가까워지지요. 가까워지면 꽃도 보게 되고 잎도 보게 되고 열매도 보게 되고 그러다 보면 그 나무의 이야기 속으로 빠져들 수 있습니다. 이 책을 통해 그 첫 단추를 끼는 계기가 되면 좋겠습니다.

한국수목원정원관리원 사업이사 이유미

나무를 전공하신 경영컨설턴트 김종운 부문장께서 위대한 CEO들의 리더십을 나무로 표현하였다. 생각해 보니 나무라는 하나의 카테고리로 정의된 내에도 수많은 다양성이 존재하듯이 위대한 리더들의 다양성을 나무를 통해 이야기할 수 있다는 것을 처음으로 배웠다. 소나무가 땅의 기운을 좋게 하고 자신들은 또 다른 척박한 땅으로 움직이는 것이 마치 미지의 세계로 달려가는 '리더'와 같다. 수많은 리더들에게 우리의 '버팀목'이라고 부른 것도 다르지 않다.
나무로부터 배우는 리더십을 표현한 이 책을 스타트업과 기업의 리더들에게 한 번 꼭 읽어 볼 것을 강추한다.

가천대학교 창업대학 교수 · KB금융지주 사외이사 최재홍

프롤로그

근 30년의 직장생활 중에서 경영컨설팅 업무만 20년을 했다. 경영컨설팅이라는 일의 특성상 많은 기업을 가 보고 기업인을 만나고 사례를 공부해야 했다. 컨설팅을 진행하면서 진단이라는 과정을 통해 해당 기업의 장단점을 비롯해 여러 이슈의 실체에 접근해 보기도 했다. 이런 경험을 토대로 얘기를 한다면 그 누구보다도 풍부한 이야깃거리를 가지고 있다. 물론 그 깊이는 턱없이 부끄러운 수준이다. 그러나 비록 얇은 지식이지만 많은 사람들과 공유한다면 그 또한 보람 있겠다는 생각을 늘 가져 왔었다. 하지만 경영이라는 주제를 일반적인 방식으로 풀어내려 하니 세상에는 고수들이 너무 많음을 깨달았다. 서점에 가면 세계적으로 권위 있는 구루의 저술을 비롯해 하루에도 수십 종의 경영 관련 도서가 독자의 손길을 기다리고 있음을 잘 알고 있다. 그래서 두려웠다.

그런데 내가 만난 많은 경영자들이 은퇴 후 산을 가까이하는 모습을 보았다. 대학에서 나무를 전공한 나보다 나무를 더 많이 알고 있었다. 어떤 경영자는 "현직에 있을 때 나무를 좀 더 알았다면 좋았을 텐데." 하는 말씀을 하셨다. 나무를 보면 참 배울 점이 많다는 게 그 이유였다. 이런 경영자들의 말씀 때문이었을까? 산을 통해 다른 사람에게 긍정적인 영향을 주고 싶다는 생각을 하게 되었고 그런 방법 중 대학 전공을 살려 '산림치유지도사' 자격을 취득하게 되었다.

자격증 취득을 위한 학습 과정에서 30년 만에 다시 나무를 공부했다. 조금씩 다시 나무가 눈에 들어오기 시작했다. 졸업 이후 완전히 잊고 살았던 나무의 한살이에 대한 관심이 높아졌다. "사랑하면 알게 되고 알게 되면 보이나니 그때 보이는 것은 전과 같지 않으리라."라던 유홍준 교수님의 말이 생각났다.

무엇보다 원광대학교 고 임경빈 교수님의 《나무백과》나 전 국립세종수목원장이신 이유미 박사님의 《우리 나무 백가지》, 내촌목공소의 김민식 목재 상담 고문님의 《나무의 시간》 등 나무와 관련된 다양한 책들을 읽어 보니 나무의 한살이에는 경영자들에게 의미 있는 메시지가 될 수 있는 이야깃거리가 많이 담겨 있었다. 즉, 내가 경험한 많은 기업과 기업인의 이야기를 풀어낼 수 있는 스토리텔링의 보고(寶庫)가 될 수 있겠다는 생각이 들었다.

인류는 약 500만 년 전부터 숲에서 진화했다. 숲은 당연히 나무로 이루어져 있고 인간 삶의 터전이었다. 그 숲에 있는 나무는 살아 있는 나무다. 그리고 생명을 내준 나무는 우리 삶에 또 다른, 목재라는 형태로 중요한 자리를 차지하고 있다. 특히 고도성장을 해 온 우리나라의 초기 주력 산업이 목재산업이었다. 부산 출신인 나도 어릴 적 뒷산에 올라가서 바다를 보면 원목이 떠 있는 장면이 흔했다. 그 원목은 주로 합판으로 만들어져 최고의 수출 품목이 되었다. 지금은 반도체, 스마트폰, 전기자동차용 배터리 등이 그 자리를 대신하고 있지만 목재산업은 우리나라 산업사에서 매우 중요한 위치를 차지했었다.

김민식의《나무의 시간》에는 이런 문장이 나온다.

"역사를 보면 빠른 배와 많은 배를 가진 지역이나 국가가 상대적으로 더 번창하였다. (중략) 그런데 모든 보트, 배는 나무로 만들었다. 아직 철을 제련하지 못하던 시절, 주변국이나 식민지에서 목재를 확보해 본국으로 운송하는 일은 열강에게 최우선 가치이자 정책이었다."

나무는 경제를 지탱하는 기반이었던 것이다. 그런 나무를 보며 경영을 돌이켜 보는 것은 매우 의미 있는 일이라는 생각을 했다.

이 글에 소개하는 나무는 가능하면 일상생활에서 비교적 쉽게 접할 수 있는 나무 위주로 골랐다. 쉽게 접하지만 이름조차 모르거나, 이름은 알지만 막상 직접 보면 구분하지 못하는 나무로 선택했다. 그 외 주변에서 흔히 볼 수는 없다 하더라도 이름 자체는 귀에 익숙한 나무들도 포함을 시켰다. 그리고 그 나무들이 가진 대표적인 특징을 간략하게 소개하였다. 여러분이 그 나무를 볼 때 어떤 나무는 잎을 보고, 어떤 나무는 꽃을 보고, 어떤 나무는 줄기를 보고 가장 쉽게 기억할 수 있는 특징을 다루고자 하였다. 가급적 눈에 보이는 특징을 소개함으로써 기본적인 나무 공부가 되도록 해 본 것이다.

여기에 그 특징을 통해 유추할 수 있는 경영의 요소를 연결해 보았다. 예를 들어 소나무는 리더십과, 자작나무는 기업의 아이덴티티와, 밤나무는 핵심가치와 연결했다. 왜 그렇게 연결을 지었는지 구체적인 내용은 본문에서 확인하시기 바란다. 내용을 읽으면서 여러분이 주변에서 그 나무를 보면 '아하, 이 나무에 그런 의미가 있었지!' 하고 기억을 되살려 낼 수 있다면 대단한 성공이 되리라.

아울러, 관련 서적을 읽으면서 기록도 하고 검증도 최대한 해 본다고 했으나 혹시 오류가 있지 않을까 걱정이 앞선다. 이 글을 읽으시는 독자들께서는 글 속 정보의 옳고 그름을 평가하기보다는 경영의 요소들을 좀 더 쉽게 머릿속에 기억하는 데 초점을 맞춰 주시길 바란다. 또한 매일매일 마주하는 업무 스트레스 속에서 조금은 다른 관점으로 경영의 지혜를 얻는 데 의미를 두고 읽어 주시기를 바란다.

2023년 12월

김종운

차례

제3장

줄기가 강해야 튼튼한 경영을 만든다

제4장

잎으로 경영의 빛을 흡수하다

제5장

꽃과 열매는 경영의 결실

제1장
있는 그대로의 존재감

소나무,
리더십을 말하다

한국인이 사랑하는 소나무

나라마다 소중히 여기는 나무들이 있다. 가까운 나라 일본은 편백나무를 무척이나 소중히 하고, 숲의 나라 독일은 너도밤나무나 전나무에 대한 애정이 남다르다. 핀란드는 자작나무의 나라로 부를 만하다. 우리나라는 단연 소나무의 나라다.

우리나라 사람들의 소나무에 대한 사랑은 참으로 유별난 데가 있다. 서울대학교 이경준 교수의《이야기가 있는 나무백과》에서는 다른 나무와 달리 소나무를 2권과 3권에 걸쳐 무려 4개 파트로 소개하고 있으니 우리나라에서 소나무가 차지하는 위상을 간접적으로나마 짐작할 만하다.

이유인즉, 우리 삶에 있어 늘 가까이 있는 나무로 소위 태어나면서부터 죽을 때까지 함께하는 나무이기 때문일 것이다. 가장 먼저, 아기가 태어나면 금줄을 쳤는데 여아의 경우 금줄에 꽂은 물품 중 하나가 생솔 가지였다. 새로 태어난 생명을 지키기 위한 자리에 소나무가 있었던 것이다.

다음으로, 살아가는 동안은 어떠한가? 건축자재로는 당연하고 가구, 악기, 배를 만드는 데 쓰였고 장작으로도 이용되었으며 송진, 송홧가루, 복령 등 뿌리부터 가지, 잎 전체에 걸쳐 우리네 생활에 밀접했다. 사람의 생명이 다한 시점에는 관의 일부가 되어 마지막 가는 사자(死者)를 배웅한 나무가 바로 소나무이다. 그러니 어찌 사랑하지 않을 수 있겠는가.

그러한 사랑 때문에 많은 노래에서도 주인공으로 등장하고 있다. "남산 위에 저 소나무 철갑을 두른 듯", "소나무야 소나무야 언제나 푸른 네 빛", "솔아 솔아 푸르른 솔아"……. 정확히 세어 보지는 않았지만 다른 어떤 나무보다도 노래 속 주인공으로 등장하는 빈도가 높을 것이다.

왜 그럴까? 모두 잘 알듯이 소나무는 사시사철 푸른빛을 지니는 나무로 유명하다. 그러다 보니 절개의 상징으로 일컬어진다. 유교를 숭상해 온 우리나라의 역사적 토양 위에서 절개의 상징으로 분류되는 소나무가 많은 노래나 문장, 그림 등에 등장하는 것은 매우 당연해 보인다. 우리나라 국민이 가장 좋아하는 그림 중 하나로 꼽히는 추사의 〈세한도〉 역시 그런 의미를 담고 있기 때문일 것이다.

척박한 땅을 개척하는 나무

~~~~~

　그런데 소나무의 생태를 아는 사람은 소나무가 매우 척박한 토질에서 자라는 나무라는 것을 잘 알고 있다. 다른 나무들이 자라기 좋지 않은 곳에서 먼저 뿌리를 내리고 자란다. 그래서 잎을 내고 그 잎을 땅에 떨어뜨려 그 땅의 기운이 좋아지도록 만드는 것이다. 땅의 기운이 좋아지면 당연히 다른 나무들이 자라기 좋은 환경이 된다. 이렇게 되고 나면 소나무는 점점 더 척박한 땅으로 물러난다. 물론, 나무가 스스로 걸어서 물러날 수는 없는 노릇이고 다음 세대부터 점점 그렇게 다른 종류의 나무나 꽃들에게 자리를 양보한다는 뜻이다.

　생태적으로 설명하자면, 소나무는 어릴 때 햇빛을 많이 필요로 하는 양수(陽樹)인지라 숲이 무성한 곳에서는 그늘에서도 잘 자라는 음수(陰樹)에게 자리를 빼앗기고 마는 것이다. 즉 척박한 숲에 소나무가 자리를 잡아 무성한 숲이 되면 그늘이 많이 만들어져 오히려 자신들의 후손에게는 불리한 조건이 된다. 이것을 나는 소나무가 다른 나무들에게 기꺼이 자리를 내어 주는 모습으로 해석을 해 보고자 하는 것이다. 그런 의미에서 나는 소나무를 보며 솔선수범과 희생정신으로 무장한 '리더'의 모습을 상상해 보곤 한다.

　실제, 우연의 일치일까? 소나무의 본래 발음인 '솔나무'에서 '솔'은 우두머리를 뜻하는 순우리말이라고 한다. 한자를 보더라도 '나무 목(木)' 변에 벼슬 중 하나인 '공(公)'을 붙여 쓴다. '공(公)'은 벼슬 중 가장 높은 벼슬을 뜻하니, 이를 합쳐서 만들어진 '소나무 송(松)'이라는 글자 자체에도 나무 중에 으뜸이라는 뜻을 담고 있기도 하다. 중국이든 우리나라든 옛사람들은 이미 소나무를 '리더'로 인정하고 있었던 모양이다.

소나무에게 배우는 솔선수범과 희생정신

그렇다면 소나무를 통해 생각해 보는 바람직한 리더십은 무엇인가? 리더십에 대한 정의는 고금을 막론하고 너무나 많은 학자들에 의해 다루어져 왔다. 감히 내가 그 정의들을 검증하거나 반론을 제기할 능력은 애초에 가지고 있지 않다. 다만, 많은 문헌에서 리더십을 말할 때 누구도 빼놓지 않고 공통적으로 말하는 요소가 있으니 솔선수범과 희생정신이 아닌가 한다. 바로 일생을 통해 소나무가 보여 주고 있는 그 모습이다.

학교건 군대건 기업이건 소위 조직이라는 곳에는 항상 리더가 필요하다. 이들 리더가 그 조직을 잘 이끌어 가기 위해서는 올바른 리더십이 발휘되어야 한다. 역사 속에서 리더십을 잘 발휘한 리더는 수없이 많다. 중국 역사에 등장하는 유비나 조조와 같은 리더, 서구 역사에 이름 찬란한 나폴레옹이나 처칠을 비롯해 우리나라

역사에 세종대왕이나 이순신 같은 리더들은 경영학에서도 많이 조명되는 리더들이다. 그리고 이들은 항상 어려운 도전은 먼저 시작하고, 만들어진 공로는 부하나 타인에게 양보했다. 이것을 소나무가 척박한 곳에 먼저 들어가서 거름을 만들고 다른 나무들이 자랄 수 있는 환경을 만든 뒤에 물러나는 모습에 빗대어 본다면 너무 과장된 것일까?

다음 리더를 양성하라

소나무의 생태 중 또 하나 주목할 만한 것이 다음 세대를 키우는 방법이다. 소나무는 인공적으로는 씨앗을 통해 큰 나무를 얻기 어렵다. 자연 상태에서만 큰 나무 아래 떨어진 씨앗들이 싹을 틔워서 서로 경쟁하며 자라고, 그중에서 우월한 놈이 자리를 차지하게 된다. 경쟁이 심할수록 햇빛을 받기 위해 더 빨리, 더 곧게 자라나게 되고 매우 우수한 모양을 갖추는 것이다. 호랑이가 새끼를 낳으면 벼랑에 떨어뜨려 살아 나오는 새끼만 키운다는 말이 있는데 소나무 역시 그와 크게 다르지 않은 것 같다.

최근 리더십에서 주목받는 것 중 하나가 인재 양성이다. 이미 오래전 이야기가 되어 버렸지만 삼성그룹 이건희 회장은 한 명의 천재가 10만 명을 먹여 살린다는 천재론을 역설하며 인재 양성을 매우 중요한 경영의 가치로 삼았다. 실제로 마이크로소프트의 빌 게이츠, 애플의 스티브 잡스, 테슬라의 일론 머스크는 물론 국내에도 네이버, 카카오, 배달의민족 등을 창업한 천재성을 지닌 벤처기업가들이 경제의 버팀목 역할을 해 주고 있다.

특히 해외 기업들을 보면 자신이 CEO로 있는 동안 다음 CEO로 가능성이 있는 후보군을 미리 점찍어서 경쟁을 통해 능력을 검증하고 경험을 쌓게 하는 경우가 많이 있다. GE가 대표적인 사례였고, 최근에는 마이크로소프트의 사티아 나델라나 애플의 팀 쿡이 창업자의 뒤를 이어받아 기업을 더욱 성장시키며 그 능력을 자랑하고 있기도 하다. 소나무가 경쟁을 통해 우수한 후손을 계속 남기면서 우리나라 사람들이 가장 좋아하는 나무로 자리매김한 것과 별반 다르지 않다.

우리나라의 경우는 대체로 가족 대물림 경영을 하고 있어 이런 경쟁을 통한 능력 검증이 제대로 되고 있는지는 의문이다. 경영수업이라 하여 오랜 기간 학습을 거치기는 하지만 치열한 경쟁의 과정을 거치지 않기 때문에 그 간절함은 훨씬 덜하지 않을까 짐작이된다. 이렇게 검증되지 않은 경영자로 인해 기업은 매우 어려운 상황을 맞이할 수도 있으니 비록 움직이지도 못하고 말하지도 못하는 식물이지만 소나무가 보여 주는 인재 양성의 엄격함을 배워 보기를 권해 본다.

참된 리더

소나무는 송편을 찔 때 향을 더해 주는 것을 비롯해 다양한 약용 효과를 가지고 있다. 특히 복령이라 하여 오래된 소나무 뿌리에 침투한 균과 소나무 뿌리가 공생하며 혹처럼 된 것이 있는데, 복령을 오래 먹으면 100일 만에 병이 없어지고, 200일이 되면 잠을 안 자도 되고, 2년이 되면 귀신을 마음대로 부릴 수 있고, 4년이 되면 옥녀가 와서 시중을 든다는 말을 할 정도로 효과가 있다고 한다. 자신이 품고 있는 모든 것을 베풀어 남을 이롭게 해 주는 참된 숲의 리더가 아닌가 한다.

최근 주주 이익 우선주의의 만연으로 인해 많은 경영자들이 단기 성과 만들기에 급급해 회사의 근본을 제대로 세우지 못하는 경우가 많은 것이 사실이다. 긴 호흡을 가지고 신제품 개발을 하거나 투자를 통해 경영 인프라를 든든히 하기보다는 주주들에게 보여 줄 이익 규모를 늘리는 데에만 관심을 가지는 경영자들이 적지 않다고들 한다.

반면 경영을 맡은 이후 15년 연속 성장을 만들었던 차석용 전 LG생활건강 부회장은 일명 '내진설계'라고 불리는 경영 방식을 통해 쉽게 무너지지 않는 기업을 만드는 데 주력했다. 리더라면 모름지기 그러해야 할 것이다. 지금 당장 단맛이 나는 열매를 주지는 않지만 뿌리에 들어온 균과도 오랜 시간 호흡을 맞추어 복령이라고 하는 세상에 다시없는 명약을 만들어 내는 소나무의 지혜는 오늘날 경영자들에게 깊이 있는 울림을 주는 것 같다.

끝으로, 상식으로 알아 두었으면 하는 정보가 있다. 우리가 흔히 알고 있는 잣나무 역시 소나무의 한 종류이다. 일명 오엽송(五葉松)이라고 부르는데, 가지에서 잎이 처음 나오는 곳에서 다섯 개의 잎이 모여 나오는 소나무라는 뜻이다. 일반인들이 소나무라 칭하는 대표 소나무는 적송(赤松)이다. 적송은 두 개의 잎이 모여 나오는 데 비해 다섯 개의 잎이 나오는 잣나무를 쉽게 구분할 수 있다. 사실, 잣나무야말로 진정한 우리 고유의 소나무라 할 수 있다. 학문적으로 식물을 분류할 때 쓰는 학명에서도 잣나무는 '피누스 코라이엔시스(Pinus Koraiensis)'라고 명명되어 있기도 하다. 민족사학이라 불리는 고려대학교의 교목(校木)이 잣나무라 하니 알고 정한 것인지 모르고 정한 것인지는 차치하더라도 참으로 적절히 잘 정한 것이란 생각이 든다. 참고로, 학교 교정이나 공원에 잎이 세 개씩 모여 난 삼엽송(三葉松) '리기다소나무'도 있으니 알아 두기 바란다.

강원도 대관령, 충남 안면도, 경북 청송군 주왕산 같은 곳에 가면 줄기가 곧은 강송 군락이 있다. 조선 시대 궁궐을 짓는 데 사용한 소나무를 황장목(黃腸木)이라고 하였고, 이 황장목을 보호하기 위한 산림을 황장봉산(黃腸封山)으로 지정하여 엄격히 관리한 것이 지금까지 이어져 온 것이다. 그 숲에서 하늘을 찌를 듯한 높이에, 붉은 대춧빛 껍질, 양팔을 벌려야 닿을 듯한 우람한 둘레를 자랑하는 강송들이 꼿꼿이 자리하고 있으니 바라보는 사람을 왜소하게 만드는 위압감을 주기까지 한다. 나무 중의 왕이라 할 만한 웅장함이 아닐까 싶다.

매일매일 전쟁 같은 일상을 보내는 경영자들이지만 혹시 약간의 시간을 만들 수 있다면 이들 소나무 숲을 한번 찾아보면 어떨까. 솔선수범과 희생정신, 그리고 후대를 양성하는 지혜를 배울 수 있을 것이다. 아울러 자연의 장엄함 속에서 겸손해야 함을 깨우치고 바람직한 리더로서의 자세를 한 번 더 가다듬는 계기가 되지 않을까 생각된다.

느티나무,
미션으로 길을 이끌다

든든한 그늘을 만드는 느티나무

도시에도 느티나무가 많다. 하지만 시골로 가면 마을 초입에 커다랗게 자리 잡은 나무가 대체로 느티나무다.

느티나무 하면 뭔가 경건하거나 좀 더 과장하자면 신령스러운 느낌까지 주는 나무로 생각된다. 특별한 이유가 있다기보다는 나무 자체가 워낙 오래 살기도 하고 자람도 매우 크게 되기 때문일 것이다. 무엇보다 느티나무는 풍성한 가지를 사방으로 뻗어 내고 그 가지마다 빼곡히 잎을 달아 주기 때문에 어느 곳에서나 좋은 쉼터를 제공해 준다. 그래서 어느 마을에서고 느티나무 아래는 모든 마을 사람들이 모이고 서로의 길흉화복을 나누는 가장 중요한 장소가 되곤 한다.

그런데 사람들은 느티나무와 벚나무를 많이 혼동하는 것 같다. 나무의 형태인 수형(樹形)이 비슷한 탓이기도 하고, 두 나무 모두 가로수로 많이 볼 수 있기 때문이다. 물론 꽃이 피거나 열매가 달리면 누구나 쉽게 구분할 수 있지만 잎만 달려 있는 시기에는 쉽게 구분을 하지 못한다. 기왕 말을 꺼냈으니 가장 쉽게 구분하는 방법을 알아보자.

　느티나무 잎은 조금 길쭉한 타원형에 거치(鋸齒)라고 부르는 잎 가장자리의 톱니 모양이 둥글게 생겼다. 그에 비해 벚나무 잎은 계란 모양으로 약간 더 통통하며 가장자리 톱니가 좀 더 날카롭고 뾰족하게 생겼다. 아울러 꽃 피는 시기상으로는 벚나무가 일찍 피고, 그 꽃이 진 다음 느티나무 꽃이 핀다. 하지만 느티나무 꽃은 눈에 잘 띄지 않아 모르고 지나는 경우가 많다. 관심을 가지고 가까이 가서 관찰을 해야만 볼 수 있다. 한 가지 더하자면 벚나무 껍질에는 성인 허리에서 가슴 높이 정도에 피목(皮目)이라고 불리는 하얀 점들이 가로로 띠처럼 자리하고 있다. 한편 느티나무의 껍질은 얇게 벗겨지는 모습을 보인다. 느티나무가 속한 느릅나뭇과의 공통된 특징이기도 한데, 손으로 살짝만 힘주어 떼어 낼 수 있을 정도다. 자, 이 정도면 거리에서 두 나무를 구분할 수는 있지 않겠는가?

　느티나무 목재는 황갈색의 아름다운 무늬와 색상을 가지고 있으며, 결이 곱고 단단하여 마찰과 충격에 잘 견딘다 하여 국내 나무 중에서 최상급 목재로 꼽히고 있다. 경북대학교 박상진 명예교수에 의하면 해인사 법보전, 화엄사 대웅전, 부석사 무량수전의 배흘림기둥, 부여 무량사 극락전의 기둥이 모두 느티나무로 만들어졌다고 한다. 느티나무는 가구재로도 널리 쓰였다. 영조의 아들로 불운한 생을 마감했던 사도세자가 그 속에 갇혀 삶을 마감한 것으로 유명한 뒤주라는 가구도 주로 느티나무로 만들어졌다. 악기 재료나 조각재, 불상 조각에도 많이 사용되었다고 하니 목재로는 상당히 사랑받은 나무라 하겠다.

미션이 이끄는 경영

다시 처음으로 돌아가서, 느티나무 하면 한여름에 멋진 그늘을 만들어 주는 나무이다. 나는 출퇴근을 할 때 을지로 IBK기업은행 본점에 내려 버스를 갈아타곤 하는데, 정류장 뒤에 꽤 커다란 느티나무 두 그루가 서 있다. 그리 크지는 않았지만 그래도 한여름 이른 햇살이 비칠 때 좋은 그늘을 제공해 준다. 그 느티나무들을 볼 때면 중소기업들이 어려울 때 힘이 되고 그늘이 되어 주어야 하는 막중한 역할을 하는 IBK기업은행에 참 잘 어울리는 나무라는 생각을 했다. 실제로 그런 의미를 담아 심었는지는 알 수 없으나 임직원들이 그 느티나무들을 보면서 그런 마음을 다져 나가면 좋겠다는 생각을 해 본 것이다.

특히, 갑자기 돌아가셔서 많은 분들이 안타까워했던 강권석 은행장 재임 시절, 경기침체로 리스크를 줄이기 위해 많은 시중은행들이 중소기업에 대한 대출을 회수하려 한 적이 있었다. 그때 강권석 은행장은 '중소기업은행만큼은 오히려 대출을 더 늘려 주라'는 지시를 했다고 한다. "비 오는 날 우산을 씌워 줘야 할 때 우산을 뺏으면 안 된다."라는 말씀을 자주 언급하셨다는 것이다. 짧은 소견이지만 참으로 IBK기업은행의 역할을 잘 표현한 말씀이 아닌가 생각했었다.

이렇듯 기업은 업(業)을 영위함에 있어 단순히 돈을 버는 목적과 동시에 사회에 어떠한 형태로든 기여를 해야 하는 미션을 가질 필요가 있지 않을까. 이러한 미션이 잘 정의되어 있으면 그 기업의 구성원들은 자신이 하는 일에 더 큰 보람을 느끼게 되고 당연히 더 좋은 성과를 얻을 수 있게 되는 것이다.

내가 몸담고 있는 회사 KMAC는 '지식으로 산업사회를 선도하고, 존경받는 기업 구현에 이바지한다.'라는 미션을 가지고 있다. 여러 기업이 '존경받는 기업'이 되도록 돕고 그 과정에서 우리도 '존경받는 기업'이 되자는 뜻이다. 이러한 미션에 근거해서 설립 초창기에는 우리나라 기업이 갖지 못한 혁신의 방법론들을 해외로부터 도입, 보급하며 우리 기업들이 지금의 경쟁력을 갖추는 데 일조를 해 왔다고 생각한다. 특히, 소비자보다는 공급자가 우위에 있던 시절 국내 최초로 기업의 고객만족도를 조사해 발표함으로써 기업들이 고객을 경영의 중심에 두도록 만들었는데, 1992년 처음 발표한 KCSI(Korean Customer Satisfaction Index, 한국 산업의 고객만족도)가 그 것이다. 2004년, '존경받는 기업 조사'를 통해 기업의 사회적 책임에 대한 인식을 높이기 위한 시도를 했던 것도 그와 같은 맥락이었다. 이후 '일하기 좋은 기업 조사'를 통해 직원들이 비전을 가지고 즐겁게 일할 수 있는 좋은 일터를 만들어야 한다는 메시지를 던지기도 했다. 모든 것들이 회사가 가진 미션에 토대를 둔 일관성 있는 경영을 해 왔기에 가능한 일이 아니었을까 싶다.

우리는 무엇을 위해 존재하는가

코카콜라는 '세계를 상쾌하게 만들고, 긍정과 행복의 순간을 만들기 위해 노력하며, 가치와 새로운 차이를 창조한다(To refresh the world, To inspire moments of optimism and happiness, To create value and make a difference).'라는 기업 미션을 가지고 있다. 코카콜라의 기업광고나 소비자와의 직접 커뮤니케이션 활동인 BTL(Below the Line)은 유튜브에서 때때로 큰 인기를 끌고 반향을 일으키곤 하는데, 얼마 전 행복자판기로 또 한 번 큰 히트를 쳤다. 큰 자판기에서 콜라가 계속 나오도록 하거나 콜라를 누르면 피자가 같이 나오도록 장치를 해서 주위 사람들과 나눠 먹을 수 있게 한 것이다.

행복공중전화도 있다. 중동지역에서 일하는 외국인 근로자들이 고향에 있는 가족들과 전화를 하고 싶어도 비싼 전화요금 때문에 쉽게 할 수 없음을 알고 콜라 뚜껑을 넣으면 1분간 통화가 가능한 공중전화를 만들었다. 전화를 통해 가족과 통화하며 눈물을 글썽이는 근로자와 가족의 모습은 감동이었다. 작은 아이디어이지만 행복자판기나 행복공중전화가 만들어 내는 마법 같은 장면이 눈에 선하게 남아 있다. 이런 것을 보면서 코카콜라가 경영활동 속에서 세계를 행복하게 만들겠다는 미션을 어떻게 실천하고 있는지를 잘 알 수 있게 되었다.

이렇듯 기업의 미션은 경영의 방향을 잡아 주는 나침반 같은 역할을 해 준다. 물론 형식적인 미션을 지어 놓고 평소에는 기억조차 못 하는 기업도 많다. 하지만 성공한 기업들을 보면 단기적 이익에 몰입하기보다는 사회를 위해 필요한 존재가 되겠다는 미션을 잘 실천하는 기업들인 경우가 대부분이다.

그렇다고 미션을 명문화하는 것이 핵심은 아니다. 인도의 라이프스프링 병원을 보자. 의료 수준이 매우 낙후된 인도에서 맥도날드식 표준화로 혁신을 일으킨 출산 전문 병원이다. 비록 명문화되어 있지는 않지만 그 병원의 미션은 명확하다. 의료서비스의 원가를 혁신적으로 낮추고 생산성을 높여서 기본적인 의료서비스도 받지 못하던 소외계층에 더 많은 혜택을 제공하는 것이다.

그 미션을 실천하기 위해 설립부터 명확한 콘셉트를 잡았다. 병상은 20개 전후로 하여 소형병원을 지향하고, 전체 병원의 70퍼센트 이상을 일반병실에 할애했다. 자연분만 및 제왕절개 비용은 사립병원의 약 50퍼센트 수준으로 하여 부담을 낮춘 대신 어려운 수술은 취급하지 않았다. 선택과 집중을 한 것이다. 그렇게 함으로써 고숙련이 아닌 신입 의사나 보조 조산원으로도 운영이 가능해졌다. 수술 과정은 철저히 매뉴얼화하고 수술장비도 '도구 세트'를 개발하여 사용하였다. 그래서 맥도날드식 병원이라는 별명이 붙은 것이다. 미션이 경영을 바꾼다는 의미를 이해할 수 있는 사례이다.

흔들리지 않는 나무를 바라보며

사람들이 뭔가 새로운 결심을 하거나 바람을 기원할 때는 절대적인 존재를 찾곤 한다. 그것이 종교가 되기도 하고 집안의 큰 어른이 되기도 한다. 우리나라 사람들은 그런 존재로 마을의 큰 나무를 찾았다. 이때 가장 어울리는 나무가 느티나무다. 마을마다 자리 잡은 거대한 느티나무는 사람들에게 믿음을 주는 버팀목이 되어주었던 것이다. 비록 약간은 미신적인 요소가 있을지 모르겠으나, 느티나무 거목을 보면서 마음속 흔들림을 바로잡고 미래를 위한 다짐을 할 수 있었다는 데 더 의미를 부여하면 되지 않을까 생각된다.

최근 너무나 빠르게 변화하는 경영환경 속에서 때로는 방향을 잡지 못하는 경우가 있을 수 있다. 약간의 편법이 어려운 경영에 큰 이득을 제공해 줄 수도 있고, 조금만 포장하면 작은 성과로 큰 이름을 얻을 수 있는 기회도 분명 있을 것이다. 그래서 경영자는 흔들리기 쉽다. 반드시 개인적인 욕심이 아니더라도 직원들을 위한다는 것이 자칫 잘못된 선택으로 이어질 수도 있다. 이런 매 순간들마다 선택의 방향을 잡아 주고 기준이 되어 줄 수 있는 존재가 있다면 얼마나 좋겠는가. 이 존재가 바로 기업의 '미션'이면 좋겠다는 생각이 든다.

느티나무는 정자나무로 사랑받는다. 그래서 그 아래에는 사람이 많이 모인다. 사람이 모이면 누군가 이야깃거리를 내놓게 되고 사람들의 귀가 그곳으로 쏠린다. 느티나무는 품격을 지니고 있다. 억센 줄기는 강인한 의지를, 고루 퍼진 가지는 조화된 질서를, 단정한 잎들은 예의를 상징한다고 말한다. 충(忠)·효(孝)·예(禮)의 나무라고 할 만하다. 느티나무는 수명도 길다. 서울 남산에는 여러 종류의 노거수가 있는데 그중 느티나무가 약 200년 수령으로 최고령 자리를 차지하고 있다고 한다. 기업 경영에 대입해 보자면 참으로 잘 맞아떨어진다. 고객이든 직원이든 사람이 모이니 기업이 성하게 된다. 의지와 질서가 잡히니 규율이 잘 서는 조직이 될 수 있다. 사람이 모이고 규율이 잘 서면 기업도 당연히 오래간다. 느티나무 하나만으로도 경영의 전부를 배울 지경이다.

바쁜 일상이긴 하지만 잠시라도 여행을 떠날 기회를 가질 수 있다면, 어느 마을에서건 느티나무 한 그루 정도는 마주치게 될 것이니 혹시 그중에 조금 더 신성스러운 느낌을 주는 느티나무를 만나게 되거든 우리 회사의 미션은 무엇인지, 혹은 아직 미션이 정의되지 않은 기업이라면 우리 회사의 미션은 무엇이 되어야 하는지, 무엇이 되었으면 좋겠는지를 한번 생각해 보았으면 한다. 큰 팔을 벌리고 하늘의 태양을 한껏 품은 느티나무를 통해서 좀 더 생명력 있는 미션을 생각해 내게 되지 않을까 기대해 본다.

구상나무와
비전을 논하다

도도함을 가진 나무

구상나무를 아는 사람이 얼마나 될까? 당연히 별로 없을 수밖에 없다. 구상나무는 우리나라에서만 사는 나무이면서 그 와중에도 한라산, 지리산, 덕유산의 고산지대에서만 살고 있는 나무이기 때문이다.

지금은 일정관리를 할 때 대부분 사람들이 스마트폰 애플리케이션을 사용하지만, 조금 연배가 있는 분들이라면 예전에 달력을 많이 사용했던 것을 기억할 것이다. 그중에서도 벽에 걸어 두는 큰 달력에는 겨울철 눈 덮인 멋진 나무 사진이 항상 자리하곤 했다. 그런 사진의 대표 주인공이 바로 구상나무다. 설경이 멋진 사진 속에서 하얀 수피(樹皮)에 고목으로 군락을 이루고 있는 나무가 있었다면 구상나무가 틀림없다. 고산지대에 살다 보니 바람의 영향을 많이 받아서 나뭇가지가 한쪽으로 뻗어 있는 모습을 하고 있다.

언젠가 12월 말에 회사에서 전 직원이 제주도로 워크숍을 갔었다. 당시 눈이 쌓인 한라산을 올랐는데 흰 눈에 어우러진 구상나무 군락을 보고 그 아름다움에 취해서인지 정신이 혼미해져 한참 동안 걸음을 멈추었던 기억이 있다. 그렇게 구상나무는 어딘가 모를 신비로움을 담고 있는 나무이다. 생태학적으로 구상나무는 추위 속에서 잘 사는 나무인데, 빙하기가 지나고 지구가 따뜻해지면서 설 자리가 점점 더 없어져 이렇게 높은 산의 정상 부근까지 밀려 올라간 것으로 보고 있다. 갈수록 지구가 온난화되고 있으니 구상나무의 모습을 조만간 자연 속에서는 볼 수 없게 될지도 모를 일이다.

구상나무의 고귀한 자태는 겨울에 더욱 빛나기는 하지만 여름, 가을의 구상나무도 그 멋스러움으로는 나무랄 데가 없다. 푸른 잎은 소나무의 정기에 못지않고, 특히 럭비공을 닮은 열매는 하늘로 꼿꼿이 서서 한껏 자존심을 세운 모습이다. 가까이 가서 보면 올망졸망 달린 구상나무 열매는 참으로 탐스럽고 예쁘기까지 하다. 아직 그 순간을 직접 관찰하지는 못했지만 구상나무 열매는 떨어지면 산산조각이 나서 흩어진다고 한다. 살아 있는 동안 멋진 모습으로 그 삶을 다하고 떨어질 때 장렬히 전사하는 고고한 장수 같은 모습이라고들 말한다. 사람들이 갖다 붙인 표현이지만 꽤 멋스러운 맛이 있다고 생각한다.

겨울의 나무인 구상나무는 수형이 아름다워 크리스마스트리로 제격이다. 20세기 초에 영국인 윌슨이 동아시아를 탐사하며 제주도의 구상나무 종자를 가져가서 학계에 보고한 기록이 있다고 한다. 이후 정원용 상록수로 개량하였는데 크리스마스트리로 매우 사랑받는 나무로 꼽힌다고 한다. 우리 나무가 외국에서 더 사랑받는다고 하니 좋은 일이기도 하지만 우리 땅에서는 그다지 잘 살고 있지 못하는 것 같아 아쉬운 마음도 크다.

비전이 명확해야 한다

다시 말하지만 구상나무는 우리나라 특산이다. 지구상에 우리나라에만 있는 나무이다. 해외에서 개량을 해서 자라고 있긴 하지만 자연 그대로의 구상나무는 우리나라에만 있는 것이다. 그렇게 치면 다른 어떤 나무보다 가장 한국적인 나무라고 불러도 무방할 것 같다. 구상나무의 오래된 고목은 한국인의 '한'을 담은 모습이고, 떨어질 때 산산이 흩어지는 열매는 한국인의 '정열'을 보여 준다고 말하는 사람도 있다.

독자 여러분도 기회가 된다면 꼭 한라산이나 지리산 정상에서 구상나무 군락을 한번 감상해 보시기를 권해 드린다. 뭐라 말할 수 없는 신비로움 속에서 삶에 대한 교훈을 얻을 수 있지 않을까 생각한다. 그런 나무가 바로 구상나무이다. 마음을 정숙하게 해 주고, 자연에 대한 경외감에 나를 겸손하게 만들어 주는, 그래서 요즘 같은 물질이 중시되는 세상에서 어떻게 균형감을 가지고 삶을 살아야 할지 알려 주는 나침반 같은 역할을 해 줄 것으로 믿어 의심치 않는다.

삶을 살아가는 것과 마찬가지로 경영을 하는 데 있어서도 이런 나침반이 필요할 때가 있다. 위대한 기업가들을 보면 경영을 통해 이루고자 하는 뭔가를 가지고 있다. 보통 이것을 '비전'이라고 표현한다. 어찌 되었건 훌륭한 경영자들은 하루하루에 매몰되지 않는 경영의 방향성을 가지고 있다. 우리가 잘 아는 마이크로소프트의 빌 게이츠 회장은 '전 세계 사람들의 책상에 컴퓨터가 놓이게 하겠다.'라는 비전을 가졌다고 한다. 그 꿈은 프로그래밍 언어를 모르는 사람도 누구나 컴퓨터를 자유롭게 사용할 수 있는 운영체제인 윈도우를 개발하면서 현실화되었다.

일본 최고의 기업가로 올라선 손정의 회장이 이끄는 소프트뱅크는 '디지털 정보 혁명으로 인간을 행복하게!'라는 창립이념을 가지고 있다. 2011년 《포브스》 선정 일본 1위의 자산가였고 2023년 현재 290만 명의 트위터 팔로워를 가진 CEO이지만 처음 아르바이트 두 명을 데리고 창업을 했던 것으로 잘 알려져 있는데, 그 꿈만큼은 정말 창대했던 것 같다. 손정의 회장의 비서 출신인 미키 다케노부가 쓴《일 잘하는 사람의 시간 관리법 10초 15분 1주일》이라는 책에서 손정의 회장이 고등학생이었던 만 18세에 세운 인생 계획을 소개하고 있는데, "20대에는 나의 존재를 알리고, 30대에는 사업 자금을 모으며, 40대에 승부를 건다. 그리고 50대에 사업을 완성하고 후계자를 양성한 다음 60대에 은퇴한다."라고 나와 있다.

빌 게이츠 회장이나 손정의 회장이 세운 비전이 위대한 것은 그 비전의 크기 때문만은 아니다. 비전 속에 담고 있는 이타적인 생각 역시 그들의 비전을 위대하게 만들어 주고 있다. 2011년 손정의 회장이 한국을 방문했을 때 언론과의 인터뷰에서 취업난으로 고통받고 있는 젊은이에게 한마디 해 달라는 기자의 요청에 다음과 같이 말했다고 한다.

"나 자신이 아닌, 다른 사람의 행복을 위한 큰 뜻을 세우라!"

"그 꿈에 투자할 때 놀라운 성취를 이룰 수 있다."

과연 성공을 이룬 사람이기에 할 수 있는 말일까, 아니면 이런 생각을 가진 사람이기에 성공을 한 것일까? 나는 감히 후자 쪽에 손을 들어 주고 싶다.

무엇으로 이끌 것인가

기업의 비전을 말하면서 CEO의 꿈, 철학으로 다소 초점이 벗어나고 말았지만, 결국 CEO가 어떤 생각을 가지고 있느냐 하는 것은 그 기업의 비전에 철저히 반영될 수밖에 없다.

오래전 교보생명 신창재 회장의 강연을 들었다. 당시 누구보다 '고객만족'을 강조하는 것으로 인정받는 경영자였다. 신창재 회장은 서울대학교병원 산부인과 의사를 하다 선친의 기업을 물려받아 경영에 참여하였다. 처음 경영을 하면서 가장 강조했던 것이 '고객만족'이었는데 그 논리는 매우 간결했다. 기업은 이익을 내야 하는데, 그 이익을 올바른 방법으로 만들어야 한다는 것이었다. 소위 '마피아도 이익은 만들 수 있지만 마피아의 이익과 기업의 이익이 다른 것은 바로 올바른 방법, 고객을 만족시키고 그들에게 도움을 주는 방법으로 이익을 만들기 때문이 아니겠는가?' 하는 논리였다. 그래서 자신들의 실적을 어필하려 보고하는 임원들에게 늘 이렇게 질문을 했다고 한다.

"잘 알겠고 수고하셨습니다. 그런데 만약 그렇게 하면 우리 고객은 뭐가 좋아지나요?"

당연히 임원들은 그 답변을 준비해야 했고, 답변을 준비하기 위해서는 실제로 고객에게 뭐가 좋아지는지를 고민하게 됐다는 후문이다.

지금도 교보생명 임직원에게 사례발표나 강연을 요청하면 항상 포함시키는 삽화가 있다. 자신도 이롭고 남도 이롭다는 뜻의 사자성어인 '자리이타(自利利他)'라는 글귀가 함께 적힌 그림인데, 식사 테이블 양쪽 끝에서 아주 긴 젓가락을 가지고 마주 보며 식사를 하는 두 개의 그림이다. 하나는 긴 젓가락으로 본인 입으로 음식을 넣으려고 하고 다른 하나는 상대방 입에 넣어 주려고 하는 장면이 그려져 있다. 어느 그림에 있는 사람들이 더 편안하게 식사를 할 수 있을지 상상이 되는가?

CEO의 철학이 구성원들에게까지 전달된 좋은 사례라는 생각을 하게 된다.

기업의 뿌리와 등불

구상나무는 이식했을 때 뿌리를 잘 내리지 않는 단점이 있다. 구상나무 뿌리는 균근(菌根)을 형성해서 살아가는데, 뿌리의 흙을 털어 없애면 뿌리의 기능이 쉽게 약해지기 때문이라고 한다. 뿌리가 잘 내려야 튼튼히 자란다. 기업도 마찬가지다. 기업의 뿌리는 비전, 즉 본질적 역할에 있다. 본질적 역할이 비전이라는 이름으로 표현되는 것이다. 비전이 명확하고 튼튼해야 기업을 둘러싼 외부의 거센 바람 속에서도 그 기업을 꿋꿋이 지켜 낼 수 있는 버팀목이 될 수 있다. 그렇다고 남의 것을 흉내 낸 비전을 만들어서는 안 된다. 그래서는 우리 조직 속에 단단히 뿌리내리기 힘들다. 남을 흉내 낸 비전은 뿌리에 붙은 흙을 털어 낸 구상나무를 가져오는 것과 마찬가지다.

비전은 기업을 이끄는 등불이다. 하지만 그 등불이 다소 잘못된 길에 세워져 있다면 올바른 길로 옮겨 놓아야 한다. 앞에 소개한 마이크로소프트의 경우가 그렇다. 처음 세운 비전이 지금의 상황을 제대로 반영하지 못하고 그로 인해 성장의 한계에 봉착했을 때 사티아 나델라는 새로운 비전으로 등불을 세웠다. 그는 "사람들이 모든 디바이스를 보다 생산적으로 사용할 수 있도록 하는 게 우리의 미션이다."라고 말했다. 그 새로운 등불은 기울어 가던 마이크로소프트를 부활하게 만들었다. 윈도우즈와 엑스박스 등 B2C 영역 위주에서 클라우드나 협업도구 등 B2B 영역으로 사업을 빠르게 전환시켰고, 지금 세상에서 가장 주목받는 챗GPT를 발빠르게 빙(Bing)에 탑재하면서 세계 검색 시장을 주도하고 있는 구글을 위협하고 있다.

구상나무는 전나무와 같은 종류다. 전나무 종류는 크리스마스트리로 인기가 높은 나무다. 크리스마스트리에 달린 아름다운 등불은 사람들이 보다 올바르고 가치 있는 길로 가도록 이끄는 힘이 있다. 코로나19 이후 장기 불황에 많은 기업이 어려움을 호소하고 있다. 혹시 지금의 상황에서 어려움을 겪고 있거나 성장의 정체를 반전시키고자 고민하는 경영자라면 우리 회사에 멋진 구상나무 한 그루를 심듯 비전을 새롭게 정립해 보면 어떨까? 어쩌면 우리 회사를 부활하게 만들 우리만의 멋진 크리스마스트리가 되어 줄지도 모를 일이다. 마치 이 지구상에서 우리나라에만 있는 구상나무처럼…….

정렬됨이 아름다운
메타세콰이어

굽음 없이 곧게 자라는 나무

메타세콰이어라는 나무 이름을 들어 보았는지 모르겠다. 매우 아름다운 자태를 지닌 나무이다. 내가 그렇게 많은 나무를 본 건 아니지만 지금까지 본 나무들 중 몇 손가락 안에 꼽을 정도로 아름다운 나무라는 생각을 가지고 있다. 나무의 모양은 굽음이 없이 하늘 높은 줄 모르고 곧게 뻗어 자란다. 가지는 옆으로 넓게 퍼져 자라기 때문에 나무의 전체 모양을 멀리서 보면 마치 원뿔처럼 보인다.

김민식의 《나무의 시간》에는 "나무는 겨울에 제대로 보인다."라는 문구가 나온다. 아마 그 말이 가장 잘 어울리는 나무가 메타세콰이어가 아닌가 생각된다. 겨울에 잎이 떨어진 나무의 형상을 보면 메타세콰이어의 원뿔 모양 수형이 그대로 보이기 때문이다.

내가 대학 생활을 했던 수원의 서울대학교 농과대학 캠퍼스 도서관 앞에 몇 그루의 메타세콰이어가 서 있었던 것으로 기억하고 있다. 도서관에서 공부를 하다 지치면 잠시 나와서 메타세콰이어 아래 놓인 벤치에서 쉬기도 하고 나무 꼭대기를 올려다보며 지친 눈에 초록의 생기를 보충하기도 했었다.

당시 이 나무와 나란히 서 있었던 나무로 낙우송(落羽松)이란 나무도 있었는데 둘의 모양이 매우 흡사하여 헛갈리곤 했다. 아마 대부분의 사람들도 그러하리라. 그러나 둘의 구별법은 의외로 간단하다. 메타세콰이어는 나뭇잎이 서로 마주 나고 낙우송의 잎은 서로 어긋나게 자란다. 낙우송이 한자로 '떨어지는 날개를 가진 소나무'라는 뜻이다. 늦가을 떨어지는 낙엽을 주워 보면 마치 새의 깃털 같은 모양을 하고 있는데, 이렇듯 잎을 비교해 보면 아주 쉽게 구별할 수 있다.

메타세콰이어는 은행나무처럼 살아 있는 화석이라고도 말한다. 인간이 살기 오래전부터 지구상에 존재했던 나무이다. 학자들의 연구에 따르면 약 2.5억 년 전부터 존재했던 나무라 한다. 그러나 빙하기를 거치면서 거의 존속의 위기까지 이르렀던 나무다. 완전히 멸종된 것으로 알고 있었으나 1940년대 중국 양쯔강 인근에서 살아 있는 나무로 발견이 되었다고 한다. 이후 사람들의 도움으로 번식을 거듭하여 지금은 여러 곳에서 그 아름다움을 감상할 수 있게 되었다. 참으로 다행스러운 일이라 하겠다.

메타세콰이어가 아름다운 곳으로 담양의 메타세콰이어 길이 유명하다. 몇 해 전 아내와 아이들과 그곳을 가 보았는데 정말 장관이었다. 족히 수 킬로미터는 되어 보이는 길의 양쪽에 메타세콰이어가 어찌나 가지런히 정렬해 있던지……. 한여름이었는데도 높게 자란 메타세콰이어의 녹음에 더위를 잊고 그 길을 거닐었었다. 아내는 아직도 그 길을 때때로 기억에 떠올리며 꼭 다시 가고 싶다고 말하곤 한다. 그래서 머지않은 때에 꼭 다시 그 길을 거닐어 보고자 마음먹고 있다.

요즘 많은 사람들이 찾는 서울 서대문구의 안산 둘레길을 걷다 보면 메타세콰이어 길이 등산객을 반겨 준다. 멀리 담양을 쉽게 못 가는 대신 안산에서 아쉬움을 달래기도 하는 요즘이다.

얼마 전 용인에 있는 글렌로스라고 하는 골프장을 갔었는데 골프 코스 곳곳에 메타세콰이어 나무가 자라고 있었다. 나무가 워낙 높이 자라기 때문에 경관도 좋거니와 홀과 홀을 구분해 주는 경계목으로도 훌륭한 역할을 해 주고 있었다. 그 골프장을 수차례 갔었건만 여태껏 그 많은 메타세콰이어를 보지 못했었다. 왜 그랬을까? 역시 관심이다. 이 글을 쓰기 시작하면서 주위의 나무들을 보면 자꾸만 눈이 간다. 그날도 라운딩 중간에 숲속으로 숨어 버린 골프공을 찾으러 갔다가 메타세콰이어가 눈에 들어왔다. 한번 눈에 들어온 메타세콰이어는 골프를 치는 내내 나의 눈을 즐겁게 해 주었다. 역시 관심이 있어야 보이는 모양이다.

경영이란 곧 정렬

메타세콰이어는 혼자 있을 때도 아름답지만 뭐니 뭐니 해도 나란히 줄지어 있을 때가 훨씬 더 아름답지 않나 생각된다. 마치 군대 병사들이 줄지어 서 있는 것처럼 잘 정렬되어 있을 때의 모습은 어딘가 모를 안정감을 준다. 고급 정원수로 많이 사랑받는 향나무처럼 혼자 독야청청 서 있는 자태가 멋있는 나무도 있겠으나 메타세콰이어는 함께 있는, 그리고 잘 정렬되어 있는 모습이 가장 아름다운 나무라 하겠다.

그럼, 기업 경영이라는 것을 한번 보자. 경영이 무엇인가에 대한 해석은 여러 가지로 할 수 있겠으나 나는 '정렬(Align)'이라고 말하고 싶다. 물론 이것은 나의 독창적인 생각은 아니며, 단 한 개 매장에서 출발해 국내 최대 유통사 중 하나로 성장시킨 홈플러스 그룹 이승한 회장의 책에서 빌려 온 내용이다. 이승한 회장은 《EoM(Essence of Management) : 경영의 비법》이라는 책에서 경영이 잘되기 위해서는 정렬이 필요하다고 했다. 즉 회사가 가진 미션부터 목표, 전략, 전술(실행과제) 등이 한 방향으로 잘 정렬되어 있어야 한다는 것이다.

대부분의 사람들이 너무나 당연한 말이라고 생각하고 잘 아는 내용이다. 그런데 컨설팅을 위해 여러 기업을 다녀 보면 너무나 당연한 이 '정렬'이 제대로 되어 있지 않은 곳이 의외로 많다. 최고경영자는 오른쪽으로 가고자 하는데 구성원들은 왼쪽을 바라보고 있기도 하고, 미션은 사회적 책임을 강조하고 있으나 실제로는 사회에 부정적 영향을 주는 일들을 버젓이 하기도 한다. 이런 기업들은 당연히 문제가 생기기 마련이다. 일시적인 성장은 이뤄 낼 수 있을지 모르겠으나 그 과정에서 필연적으로 나타나는 여러 가지 문제들로 인해 쇠락의 길을 걷거나 끊임없는 사건사고로 여론의 뭇매를 맞는 일들도 드물지 않게 일어나곤 한다. 모두 제대로 정렬되어 있지 않기 때문에 나타나는 모습들이다.

벡터가 필요하다

힘이라는 것은 한 곳으로 모아져야 제대로 위력을 발휘할 수 있다. 그것을 우리는 '벡터(Vector)'라는 말을 이용해 표현하기도 한다. 벡터가 한 방향으로 향하면 배(倍)가 되지만 반대 방향을 향하면 제로가 된다. 모두 잘 알고 있을 것이다. 이렇듯 경영이라는 것도 기업의 모든 인적, 물적 자원을 한 방향으로 정렬해서 벡터를 만드는 과정이라 하겠다.

정렬이 잘된 메타세콰이어를 보면 아름답다는 생각이 들듯이 정렬이 잘된 기업을 보면 밝은 미래가 예측되지 않을까. 비록 지금 당장은 작은 규모일지라도 최고경영자부터 말단 직원까지 모든 구성원이 한 방향의 생각을 가지고 업의 본질에 충실하다면 그 기업은 분명 성장의 수레바퀴를 돌릴 수 있으리라 생각된다.

다만, 수레바퀴도 첫 바퀴를 돌리기 힘든 것처럼 한 방향 정렬이라는 것도 처음이 쉽지 않다. 그렇지만 일단 한 방향으로 정렬이 되기만 한다면 그다음부터는 거침없이 속도를 낼 수 있을 것이다. 다 같이 한 방향 정렬의 방법을 고민해 보자.

경영의 로드맵을 세우다,
오리나무

이정표가 되는 나무

오리나무!

이름을 처음 들었을 때 어떤 생각이 떠오르는가? '오리를 닮아 오리나무인가?' 하는 생각을 가장 많이 할 것 같다. 식물 중에는 무언가를 닮았다는 이유로 이름이 붙여진 것들이 더러 있다. 화살나무는 줄기에 화살 날개와 비슷하게 생긴 날개가 붙어 있어 화살나무라 이름 지어졌고, 작살나무는 줄기 끝 모양이 마치 삼지창처럼 생겨 작살나무라는 이름을 얻었다. 도시에서도 흔히 볼 수 있는 쥐똥나무는 작고 새까만 열매가 쥐똥을 닮았기에 그 이름을 얻었다. 나무는 아니지만 노루귀라는 식물은 잎 모양이 노루의 귀처럼 생겼다 하여 노루귀라는 이름을 얻었고, 닭의장풀은 꽃 모양이 마치 수탉이 꼿꼿하게 서서 노려보는 모양을 하고 있다.

오리나무 이름의 유래로 가장 많이 알려진 것은 옛날 시골길에 5리(약 2킬로미터)마다 한 그루씩 심었다 하여 '오리(五里)' 나무로 이름이 붙여졌다는 설이다. 물론, 반론도 있다. 네이버에서 오리나무를 검색하면 《한국식물생태보감》을 인용하여 자세히 설명하고 있는데, 5리마다 심어 오리나무라는 이름이 붙여졌다는 것은 낭설이라고 한다. 그보다 훨씬 이전에 붙여진 한자 이름에 비슷한 발음의 한글을 빌려 쓴 이름이라는 것이다. 설명이 다소 복잡하기도 하고 보통 사람들이 그렇게까지 오리나무 이름과 다툴 일도 없기에 오히려 기억하기 쉬운 방법으로 기억하는 것을 너무 타박할 필요는 없을 것 같다.

분명한 것은 마을 인근에 오리나무가 많았던 것은 사실인 모양이다. 그렇다면 왜 우리네 조상들은 오리나무를 마을 주변에 그리도 많이 심었을까? 당연히 쓸모가 많기 때문이다. 오리나무는 목재가 치밀하고 단단해서 지팡이, 지게, 연장 자루, 나막신 등을 만드는 데 썼다고 한다. 물감을 만드는 데도 활용되어 물감나무라는 별명도 있다고 한다. 약재로도 사용되는데 열매는 지사제 또는 위장병 치료제로 쓰이고, 껍질은 산후 피를 멎게 하거나 위장병·눈병·류머티즘·후두염 등에 쓰며, 봄철에 달리는 수꽃 화서(花序)는 폐렴에 좋다고 한다.

안타까운 것은 이렇게 쓸모가 많으니 사람들의 손을 많이 타게

됐고, 그 결과 지금은 오리나무 보기가 매우 어려워졌다는 점이다. 대신 산에 가면 같은 가족인 물오리나무를 많이 보게 된다. 유용하다고 너무 과하게 사용하면 지속가능하지 않음을 다시금 생각하게 된다.

측정할 수 없으면 개선할 수 없다

경영을 함에 있어 측정은 매우 중요하다. 세계적인 경영학 구루 피터 드러커는 "측정할 수 없으면 개선할 수 없다."라는 유명한 말을 남긴 바 있다. 현재의 모습을 정확히 측정할 수 있어야 무엇을 얼마나, 어떻게 개선할지에 대한 판단을 할 수 있다는 말이다. 실제로 기업 경영에는 많은 측정지표들이 있다. 가장 기본적으로 재무제표에서 다루는 매출, 매출이익, 부채 등의 기본 항목과 이들 기본 항목에서 산출한 매출이익률, 부채비율 등의 지표가 있다. 생산 현장에서 사용하는 지표로는 가동률, 불량률, 수율(收率) 등의 지표도 있다.

필자가 컨설턴트로서 가장 많이 일해 온 고객만족(CS: Customer Satisfaction) 또는 고객경험(CX: Customer eXperience) 분야에도 많은 지표가 있다. 고객만족지수(CSI: Customer Satisfaction Index), 서비스품질지표(SQI: Service Quality Indicator), 순고객추천지수(NPS: Net

Promoter Score), 고객노력지수(CES: Customer Effort Score), 직원만족
지수(ESI: Employee Satisfaction Index) 등이 대표적이다. 저마다 목적
이 있고, 측정하는 방법이나 대상 등을 달리하여 활용하기도 한다.
용어는 똑같이 쓰지만 업종에 따라, 기업 특성에 따라 세부 내용은
수정해 쓰기도 한다.

그런데 실상 중요하게 생각해야 할 것은 측정 자체가 아니라 측
정 결과를 개선에 연결해야 한다는 점이다. 약 20년 동안 컨설턴트
로 일을 하면서 많은 기업에 고객만족도나 순고객추천지수 등을
조사하고 분석해 준 경험이 있다. 이때 어떤 기업은 지수의 세부
항목별로 꼼꼼히 살펴보고 부족한 부분은 어딘지, 왜 그렇게 부족
한 결과가 나왔는지를 점검한다. 점수에 잘 나타나지 않는 근본 원
인을 알아내기 위해 고객을 찾아 인터뷰를 하거나 현장을 돌며 관
찰을 한다. 그렇게 발견된 근본 원인을 고쳐 냄으로써 같은 문제가
반복적으로 발생하지 않게 하는 것이다. 반면 어떤 기업은 종합점
수 그 자체에만 관심이 있다. 점수가 전년에 비해 하락했다고 담당
임원이나 부서장을 질책한다. 부서별 비교를 통해 상대적으로 점
수가 낮은 부서에는 불이익을 준다. 그걸로 끝이다. 그러니 그 순
간만 모면하려 한다. 개선이 없다. 매번 반복적으로 문제가 발생한
다. 왜 그런지 곰곰이 생각해 볼 일이다.

작년부터 어느 통신기업에 고객경험 지표 중 하나인 NPS(순고

객추천지수)를 보다 정교하게 측정할 수 있는 방법과 그것을 시스템 화하는 프로젝트를 하고 있다. 이 기업은 문자메시지 요금 부담이 적다는 통신회사의 장점을 활용하여 거래관계가 일어나는 모든 고객에게 NPS 조사를 하는 것으로 설계를 했다. 특히 조사는 시간적 개념과 공간적 개념을 반영하여 크게 두 가지 관점으로 설계를 했는데, 시간적으로는 한번 가입한 고객의 생애가치(Lifetime Value)를 고려하여 첫 가입 시점, 첫 요금 납부 시점, 이후 정해진 기간마다 조사하는 것이다. 공간적으로는 대면 공간과 비대면 공간을 모두 포함하여 어느 공간에서든 고객과 기업이 상호작용이 일어나는 순간 조사를 하도록 설계했다. 이렇게 조사된 NPS 값은 다양한 각도로 자동 분석되고, 분석 결과는 정교하게 설계된 대시보드(Dashboard)를 통해 모든 구성원이 볼 수 있다. 물론 향후에는 고객 데이터와 연동하여 그 고객이 기업과 얼마나 장기적으로, 얼마나 자주, 얼마나 많이 거래하는지 등을 추적할 수도 있을 것이다. 그런 데이터에 기반하여 개별 고객에게 정확히 맞춤화된 제안을 보낼 수도 있다.

이것이 바로 측정을 하는 이유다. 다만, 측정을 통해 개선을 하거나 더 나은 성과를 얻고자 한다면 목적에 맞는 정확한 설계가 반드시 선행되어야 한다. 맹목적으로 기술만 도입하려 한다면 내용물이 없는 깡통만 남을 것이고, 그런 깡통에서는 말 그대로 요란한 소리만 들릴 수 있다. 깡통에서 들리는 요란한 소리는 CEO의 불호

령일 수도 있고, 괜히 늘어난 일에 고통받는 직원들의 불만일 수도 있고, 실컷 조사에 응했지만 개선되지 않는 모습을 보는 고객의 한숨 소리일 수도 있다.

그런 경우, 잘못 활용한 자신들을 탓하지 않고 측정도구를 탓하며 내버리는 모습도 목격하게 된다. 달을 보라 가리키는데 달은 보지 않고 손가락만 보며 아름다움을 느끼지 못하는 격이다. 이렇게 버려진 측정도구는 잘려 나간 오리나무와 같은 안타까움을 자아낸다. 유용한 것일수록 곁에 두고 아끼며 잘 써야 하는 것이다.

측정을 통해 로드맵을 세워야

~~~~~~~~~

과학이 발달할수록 과거에 몰랐던 새로운 사실들이 많이 밝혀진다. 오리나무 역시 최근 들어서는 또 다른 효용이 알려지고 있다. 생물학에서 많이 사용하는 용어로 '질소고정(Nitrogen Fixation)'을 하는 나무라는 것이다. 보통 콩과 식물들이 질소고정 능력이 좋다고 알려져 있는데 오리나무도 그런 능력을 지니고 있는 모양이다. 즉 공기 중의 질소를 식물이 양분으로 이용할 수 있게 바꾸어주는 능력을 말하는데, 오리나무는 근류균이 공생을 하기 때문에 스스로 땅속에서 양분을 만들어 척박한 토양에서도 잘 자라면서 토양 자체를 비옥하게 만든다는 것이다. 오리나무를 심을수록 그 땅의 질이 좋아지니 소위 비료목이 된다는 뜻이다.

거리의 기준이 되는 것과 땅의 질을 좋게 만들어 주는 것 사이에는 어떤 상관관계가 있을까? 사실, 생물학적으로 보면 아무런 상관이 없다고 봐야 한다. 5리마다 심은 것은 사람이 그렇게 한 것이고, 질소를 고정하는 것 역시 오리나무 자체가 한다기보다 공생하는 근류균의 일이니 더더욱 상관을 말하기 어렵다. 하지만 경영이라는 세계로 들어와 보면 조금은 억지스럽더라도 관계를 맺어 봄직하다.

현재의 모습을 제대로 측정하는 것은 더 나은 성장을 위한 밑거름이 된다. 현재를 모르고서 다음 단계를 기획하는 것은 어불성설이다. 재무 지표가 됐건 생산성 지표가 됐건 또는 고객 지표가 됐건 기업은 냉정하게, 객관적으로 현재의 모습을 측정해야 한다. 비록 당장은 치부를 드러내는 부끄러움과 아픔이 있을지 모르겠지만 정확한 측정을 하지 않으면 더 건강한 미래를 담보할 수 없는 것이다. 현재를 측정해서 개선할 지점을 정확히 찾아내고 그곳에 '질소'와 같은 성장의 자양분을 채워 넣는다면 머지않은 미래에 기업이 위치할 곳을 미리 예측할 수 있을 것이다.

지금 당장이라도 우리 회사에 오리나무를 심듯 그런 마일스톤을 세우고 로드맵을 그려 보면 어떨까?

제2장
모든 것은
땅속에서 시작된다

칡,
갈증을 해소하다

목마름을 해소해 주는 식물

우리 주변에서 뿌리로 가장 널리 알려진 식물이 있다면 단연코 칡이 아닐까 생각된다. 사람들은 그런 칡을 풀로 알고 있는 경우가 많다. 보통 땅 위에서는 둥글고 넓적한 잎만 보이기 때문이리라. 하지만 칡은 땅속에 굵은 뿌리를 가진 목본식물, 즉 나무로 분류하는 것이 맞다. 또한 칡에서 예쁜 꽃이 핀다는 사실도 모르는 이가 많다. 칡은 콩과로 분류되는 식물인데 여름이 한창일 즈음 분홍색과 자주색이 어우러진 예쁜 꽃이 탐스럽게 핀다. 열매는 꼬투리가 달리고 그 속에 들어 있는데, 이런 모습은 콩과 식물의 공통된 특징이다.

등산을 위해 산 초입에 가면 트럭이나 손수레에 '칡즙 팝니다'라는 문구를 걸어 놓고 영업하는 모습을 흔히 보게 된다. 어디서 저렇게 칡을 많이 구할까 싶기도 하지만 반대로 그만큼 우리나라 곳곳에 칡이 많다는 뜻이기도 하다.

칡즙을 떠올리니 그간 경험했던 다양한 술자리도 생각난다. 경영컨설팅이라는 일의 특성이기도 하겠지만 우리나라 경영자들은 술을 빼놓고 얘기할 수가 없다. 어느 CEO는 소주를 몇 병을 마신다더라, 어느 CEO는 혼자서 몇 명을 상대했다더라 하는 얘기가 흔한 안줏거리였고, 각 회사마다 독특한 소맥 폭탄주 제조법이 있을 정도였다. 오죽하면 대기업에서 임원이 될 수 있는 역량 중에 '주력(酒力)'이 가장 중요하다는 말이 있을까?

그러니 컨설팅 프로젝트를 하게 되면 착수보고 후, 중간보고 후, 최종보고 후와 같이 명분이 생기는 때는 어김없이 거나한 술자리가 만들어졌고, 정신이 혼미할 정도로 술을 많이 마시게 되면 그다음 날 칡즙을 마시곤 했다. 예로부터 칡뿌리는 소갈, 신열, 구토 등에 좋고 울화를 흩어 버리고 술독을 풀어 주는 것으로 문헌에도 나오고 민간에서도 많이 사용해 왔다. 칡즙의 효능이었을까? 그렇게 힘겨운 하루를 이겨 내며 지금까지 이 일을 계속하고 있으니 칡은 나에게도 매우 유용한 식물이었던 셈이다.

사실, 어린 시절 기억 속에 있는 칡은 더운 여름 산을 오를 때 칡뿌리를 캐서 질겅질겅 씹으면 달짝지근하면서 쌉쌀한 즙이 나와 목마름을 해소해 주던 고마운 식물이었다. 당시만 해도 물을 담아

갈 용기가 애매했던 때라 골짜기 시냇물을 마셔야 했는데 시냇물이 없는 산 정상 부근이나 양지 쪽에서는 갈증을 해소할 방법이 마땅히 없었다. 이때 흔히 캘 수 있는 칡뿌리는 입안에 침이 돌게 해주는 적절하고 소중한 '샘물' 같은 존재였다.

풀리지 않는 숙제, 성과보상

직장인으로 30년 가까이 일하고 있는 나에게도 매년 내가 한 일에 대한 적절한 보상은 1년을 마무리하는 달콤한 '샘물'이다. 당연히 경영자에게도 가장 어려운 숙제 중 하나가 성과평가와 보상이라고 한다. 보상이 제대로 되려면 평가가 제대로 되어야 한다.

몇 해 전 정치권에서부터 불거진 '공정'이라는 이슈가 단순히 정치적 이슈에 그치지 않고 최근 우리 사회 전체를 관통하는 핵심 키워드가 됐다. 특히 MZ세대가 각 사회의 중추적인 위치를 차지하면서 공정은 그 어느 때보다 우리 사회에서 중요한 화두가 되어 있다. 기업에서도 공정 이슈를 반영하듯 많은 기업들이 저마다 최선을 다해 성과보상제도를 설계해서 시행하고 있다. 성과를 낸 만큼 그에 합당한 보상을 하겠다는 생각이다. 일면 매우 타당해 보인다. 하지만 최근 들어 미국 실리콘밸리에서부터 성과보상제도의 폐해를 말하며 이를 폐지하는 기업들이 늘어나고 있다고 한다. 왜 그럴까?

최동석인사조직연구소의 최동석 소장이 쓴 《성취예측모형》에 그 이유를 유추할 수 있는 내용이 있기에 소개해 본다. 저자는 "조직은 계층구조가 아니라 아이디어로 운영되어야 한다."라는 스티브 잡스의 말을 빌려 경쟁적 성과주의의 부적절함을 설명하고 있다. 즉 21세기 들어 미국을 먹여 살리는 애플, 구글, 아마존, 페이스북, 넷플릭스 등 실리콘밸리의 서부 기업들은 월스트리트로 대표되는 동부 기업들이 가진 전통적인 앵글로색슨 모형과는 차이가 있다는 것이다. 실리콘밸리는 '사람이 일을 창조한다'는 정신에서 출발하며, 스스로 일할 동기를 가진 인간의 자율성을 존중하고 연대와 협력의 가치를 강조한다.

반면 앵글로색슨 모형을 주도했던 월스트리트 이데올로기는 '경쟁적 성과주의'로, 조직을 피라미드 형태로 계층화하고 개인에 서열을 매겨 딱지를 붙이고, 그렇게 평가된 능력에 성과급과 권력을 부여하는 방식이다. 구성원들은 피라미드 계단을 오르기 위해 끊임없이 경쟁하고 그 과정에서 조직은 더 높은 성과를 달성한다는 논리이다. 임금은 철저히 노동의 대가로서 성과만큼 보상하는 게 공정하다는 능력주의이며, 여기서는 당연히 사람이 일을 창조하는 것이 아니라 일에 필요한 사람을 활용하는 관점, 즉 인재 육성보다 인재 활용에 무게를 둔다고 해석할 수밖에 없다. 따라서 경쟁을 강화하기 위해 차별적 대우를 하는 시스템은 실상 매우 효과적인 통제 수단이 된다고 설명하고 있다. 각자 이 글을 보면서 내가 몸담고 있는 회사는 어떤 성과보상제도를 가지고 있는지 한 번씩 생각해 볼 일이다.

직원들에게 보내는 인정의 메시지

꽤 오래전 '한국의경영대상'이라고 해서 기업 경영의 질을 평가하는 제도를 담당한 적이 있었다. 당시 현대카드가 응모를 했는데, 심사를 다녀온 심사위원님 한 분이 재밌다는 듯 사례를 하나 들려주었다. CEO로 취임한 정태영 사장이 직원들의 연봉을 일시에 상당 폭 올려 주었다고 한다. 왜 그랬는지에 대한 답으로 그는 "어차피 10억 적자나 100억 적자나 적자 나기는 마찬가지 아닙니까? 혹시 망하더라도 직원들 월급이나 제대로 주고 망하는 게 낫지 않을까요?"라고 웃으며 답했단다. 이후 현대카드에는 우수한 인재가 몰려들었고 혁신적인 마케팅으로 산업계에 신선한 바람을 일으켰다. 심사위원님의 전언에 다소 과장이 있었는지 모르겠지만 기업에서의 보상에 대해 다른 관점에서 바라보는 계기가 되었었다. 즉 반드시 성과를 내야 보상을 해 주겠다는 결과주의보다 먼저 대우해 주고 성과를 독려할 수도 있겠다는 생각을 갖게 된 것이다.

'닭이 먼저냐 달걀이 먼저냐'는 어차피 답이 없는 논쟁이다. 다만 프레더릭 허즈버그의 '동기-위생(Motivation-Hygiene) 요인 이론'에서 금전적 보상은 보통 위생 요인으로 분류하는데, 현대카드 사례는 위생 요인이 아닌 동기 요인으로 작동하지 않았을까 짐작을 해 본다. 결과를 확인하기 전에 먼저 보상함으로써 직원들에게 '인정(認定)'의 메시지를 주지 않았을까 하는 것이다.

갈등 유발이 아닌 갈증 해소를

칡은 덩굴식물이다. 다른 나무를 감고 올라가는 특성이 있다. 당연히 칡에 감기는 나무는 생장이 어려워질 수 있다. 그때는 부득이 상부에 있는 칡덩굴은 제거해 주어야 한다. 특히나 귀한 나무를 타고 올라가는 칡덩굴은 제거함이 마땅하다.

한자로 '갈등(葛藤)'이라는 말이 있다. 칡[葛]과 등나무[藤]가 서로 엉켜 감긴 모습을 표현한 것이다. 등나무도 칡과 같은 콩과에 속한 덩굴식물인데, 두 식물이 서로 엉켜 있으니 구분이 쉽지 않을 것이다. 그 모습이 '갈등'이다. 갈등은 '번뇌'를 뜻하는 단어다. 부정적으로 해석되는 부분이다. 반대로 덩굴식물이자 척박한 토양에서도 잘 자라는 칡의 특성 때문에 흙이 흘러내리는 것을 막는 사방사업(砂防事業)용으로도 칡이 많이 활용된다. 도로를 내거나 산허리를 잘랐을 때, 폭우로 산사태가 났을 때 그 비탈 사면을 빠르고 단단하게 복구할 수 있기 때문이다. 긍정적인 측면이다.

기업이 경쟁력을 확보하고 더 성장하기 위해 성과에 따라 보상하는 제도를 고민한다. 그런데 성과평가와 보상은 대표적으로 긍정과 부정의 요소를 동시에 내포하고 있는 어려운 일이다. 자칫 성과보상제도가 구성원들에게는 '갈등'이 되고 경영자에게는 '번뇌'를 안겨 준다면 큰일이 아닐 수 없다. 혹시라도 부정적인 방향으로 설계가 되어 있다면 귀한 나무와 같은 소중한 인재의 성장을 가로막는 장애물이 될 수 있다.

　　지금은 미중 간의 패권경쟁에, 지구 반대편에서 일어나는 전쟁까지도 우리 경제와 경영환경에 큰 영향을 주는 시대다. 예측하지 못하는 쓰나미가 몰려오는 시대라는 뜻이다. 많은 기업들이 어려움을 겪고 있고, 그로 인해 우수한 인재들이 회사를 떠나는 일도 비일비재하다고 한다. 이럴 때일수록 예상치 못한 외부의 쓰나미로부터 우리 직원들을 흔들림 없이 붙잡아 줄 '칡'과 같은 단단한 성과평가와 보상 제도를 구상해 볼 일이다. 쌉쌀하지만 달콤하게, 더위에 힘들 때 입안에서 침이 돌게 만드는 칡뿌리처럼, '갈등'을 유발하기보다 '갈증'을 해소할 수 있는 철학이 담겨 있는 성과보상 제도라면 더욱 좋겠다.

핵심가치를 지키는
밤나무

근본을 잊지 않는 나무

사람들의 삶에 가장 가까이 있는 과실수 중 하나가 밤나무다. 밤은 예로부터 귀한 식용 열매로 칭송받고 보호받아 왔다. 밤은 가을을 알리는 전령이 되기도 한다. 산과 들에 밤이 익으면 그것은 곧 가을임을 말해 주는 신호가 된다. 요즘은 귀한 일이 되어 버렸지만 내가 어릴 때는 가을이 되면 뒷산에 올라 밤을 따거나 줍는 것이 재미난 놀이이자 주전부리를 획득하는 방편이었다. 모아 온 밤을 화롯불에 구워 먹는 맛은 그 어느 간식보다 오래 기억에 남아 있다.

밤은 씨앗이라고도 하고 열매라고도 하는데, 엄밀히는 씨앗이라 해야 한다. 학술적인 정의와 일반인들의 생각이 정확히 일치하지 않는 경우가 있는데, 밤도 그런 종류의 하나라 하겠다. 크기가 큰 씨앗이다 보니 열매로 생각한다 해도 무리는 아니다. 그렇다면 씨앗과 열매가 어떻게 다른가? 기왕 이야기를 꺼냈으니 사전적 정의를 확인하고 넘어가자. '씨앗'은 종자식물, 즉 겉씨식물과 속씨식물의 번식에 필요한 기본 물질 가운데 하나로, 종자라고도 한다. 배(胚)가 발달하여 만들어지며, 성숙하면 보통 안쪽에 배와 배젖이 자리 잡고, 바깥쪽에 씨껍질이 싸고 있다. 이에 반해 '열매'는 꽃이 수분하고 수정한 다음 주로 암술의 씨방이 발육하여 된 기관이라고 설명되어 있다.

밤의 중요한 특징 중 하나는 밤 종자가 싹이 틀 때 무거운 껍데기를 땅 위로 가지고 올라오지 않고 이것이 뿌리에 붙어서 땅속에 남아 있는다는 것인데, 이 껍질이 10년이나 100년이 지나도 썩지 않고 붙어 있는다고 한다. 다소 과장되기는 했지만 다른 나무에 비해 오래 붙어 있는 것은 사실인 것 같다. 이런 연유로 밤나무를 근본, 즉 선조를 잊지 않는 나무로 생각하여 제사를 모실 때 쓰고, 사당이나 묘에 두는 위패를 만들 때도 쓰는 것이라 한다.

밤 과실이 따가운 가시로 된 껍질 속에 들어 있는 것을 모르는 사람은 없다. 영어로 밤을 체스트넛(Chestnut)이라 하는데, 단단한 통 안에 들어 있는 열매라는 뜻이다. 밤이 얼마나 소중하기에 단단한 껍질에 가시로 철통같이 무장된 금고 속에 들어 있는 것일까.

또 다른 재미있는 이야기가 있다. 밤의 한자 '율(栗)'은 상형문

자로, 나무 위의 꽃과 열매가 아래로 드리워진 모양을 본떴다고 한다. 일본어로는 밤이 '구리(くり)'다. 구리는 '오다'라는 뜻의 '구루(くる)'에서 온 단어다. '전쟁터에서 이기고 돌아왔다'는 뜻으로 개선 축하식을 할 때 밤을 쓴다고 한다. 개선 축하식 또한 중요한 행사인데, 역시 밤은 소중한 곳에 쓰이는 열매다.

핵심가치가 기둥이다

기업을 경영함에 있어서도 이렇게 소중히 간직해야 할 것이 있다. 바로 기업의 핵심가치라고 하는 것이다. 사람이 살아가면서 가장 중요하게 생각하는 것을 가치관 또는 인생관이라고 하듯이 기업을 경영함에 있어서도 업의 본질을 뒷받침해 주는 가치관이 필요하다. 경영을 하다 보면 경영자들은 시류에 따라 많은 유혹을 받게 된다. 경쟁 기업이 더 잘나가서, 주위 사람들의 권유에 의해서, 더 많은 이익을 내기 위해서 등 여러 가지 이유로 인해 경영자들은 많은 고민을 하게 마련이다. 이때, 경영자를 붙잡아 줄 수 있는 것이 바로 핵심가치인 것이다.

핵심가치는 밤나무가 가시 금고 속에 소중히 열매를 간직하듯이 기업에서도 소중히 여겨져야 한다. 밤이 싹이 튼 이후에도 껍질을 평생 뿌리에 붙여 간직하고 있듯이 오랜 시간이 흘러도 핵심가치는 쉽게 변하거나 사라져서는 안 된다. 핵심가치는 그 기업이 살아가는 이유이기 때문이다.

버거킹 창업자 제임스 맥라모어의 책 《버거킹》에는 어떠한 경우에도 양보하지 않은 버거킹의 핵심가치 네 가지가 소개되어 있다. 특히, 버거킹 창업자이며 책의 저자인 제임스 맥라모어는 '다시 버거킹을 처음부터 경영한다면' 어떻게 할 것인지를 정리한 마지막 장에서 좋은 식당을 경영하기 위한 네 개의 기본원칙 안에 엄격한 품질기준을 적용하겠다는 결정이 궁극적으로 회사에 큰 이익으로 돌아왔다고 회상했다. 그의 회상을 직접 남겨 본다.

"우리는 음식, 서비스, 청결, 친절, 이 네 가지를 식당 운영의 기본원칙으로 정하고 이 네 가지에 관해서는 절대 타협하지 않았다. 가맹점의 성공이 곧 우리의 성공이라고 생각한 것도 옳았다. 우리는 그들의 성공을 보장하기 위해 열심히 일했다. 우리의 이익보다 가맹점주의 이익을 우선하여 생각한 것이 곧 우리의 성공의 길을 닦아주었다."

원칙을 정하는 것은 쉽다. 어려움은 그것을 실천하는 데 있다. 제임스 맥라모어가 경영에서 물러난 후 한때 버거킹이 어려움에 처했을 때, 가맹점주들의 요청으로 연설하는 자리에서 그는 다시 이 핵심가치를 강조했다. 그리고 당시의 버거킹 CEO는 일선에서 물러난 창업자의 연설에서 '핵심가치'를 캐치하고 실천함으로써 위기에서 벗어날 수 있었다.

비단 기업이 아니라도 경주 최 부잣집에 전해 내려오는 제가(濟家)의 가훈 '육훈(六訓)'과 수신(修身)의 가훈 '육연(六然)'은 최 부잣집이 수백 년간 존경받는 부자로 이어 올 수 있는 기반이 되었다고 알려져 있다. 최 부잣집의 육연, 육훈이 바로 핵심가치라 할 만하다. 또한 일본에서 가장 존경받는 3대 경영자 중 한 명인 이나모리 가즈오는《왜 일하는가》라는 책을 통해 경영에 있어 핵심가치의 중요성을 설파했다.

씨앗을 지키려는 노력

~~~~~~~~~

밤나무는 유독 병해충에 약하다. 밤나무 재배에 있어 가장 중요한 문제로 해충(흑벌), 병해(病害), 동해(凍害) 등 세 가지를 꼽는다. 그래서 밤나무는 사과나무, 배나무처럼 비료를 많이 주고 알뜰하게 보살펴 주어야 생명력을 유지하고 좋은 과실을 얻을 수 있다. 좋은 과실이 있는 나무는 병해충과 같은 외부의 공격에는 약한 성질이 있는 것 같다. 좋은 과실은 누구나 탐을 내기 마련이다. 그러니 과실을 지키기 위한 노력이 훨씬 더 중요한 것이다.

나무에서 다음 세대로 종을 보존하기 위해 가장 중요한 것이 씨앗이라면, 기업에서는 핵심가치가 그 역할을 한다. 핵심가치가 유지되지 않고서는 기업이 본연의 경쟁력을 유지하기 힘들다. 그런데 기업에서도 이 핵심가치는 많은 공격을 받기 마련이다. 사업이 잘되면 잘되는 대로 설립 당시 철학을 망각하게 되고, 사업이 안되면 본연의 분야를 벗어나 이것저것 손대면서 경쟁력을 잃어 가기도 한다. 핵심가치를 잘 지키면서 기업을 경영한다는 것은 경영자들에게도 매우 어려운 도전임에 틀림이 없는 모양이다.

최근에 많은 기업들이 조직문화를 말하면서 핵심가치를 매우 중요하게 다루고 있는 것은 참으로 다행스러운 일이라 하겠다. 핵심가치에 기반을 두어 조직의 모든 구성원들이 한 방향으로 생각하고 행동하도록 만드는 작업이 많은 기업들에서 이루어지고 있다. 한때 국내 기업 중에서도 'Posco Way', 'Shinhan Way' 등과 같이 소위 'Way'라고 명명하면서 기업의 핵심가치를 정의하는 기업들이 많았었다. 정확히 핵심가치라고 표현은 하지 않았지만 기업이 나아가야 할 가장 바람직한 방향(Way)을 정의한 것이다. 아무튼 핵심가치가 잘 정의된 기업들은 쉽게 흔들리지 않는 것 같다.

중요한 가치는 변치 않는다

여러 과실수 중에서도 밤은 식량을 대체할 정도로 매우 중요한 과실이었다. 밤나무는 참나무 가족에 속한다. 참나무 가족에 속하는 나무들 모두 식량자원으로서 사람들에게 많은 기여를 해 왔다. 참고로 참나무 가족 중에서도 밤나무와 가장 비슷한 것이 상수리나무인데 사람들이 쉽게 구분하지 못한다. 그래서 바닥에 밤송이가 떨어져 있는지를 확인해 보는 방법을 쓰곤 한다. 이제 쉽게 구분하는 방법을 알려 주겠다. 밤나무와 상수리나무 모두 잎이 길쭉한 타원형이고, 잎을 세로로 길게 양분하는 잎맥이 있다. 이 잎맥의 끝이 꽤나 뾰족한 침으로 되어 있는데, 이 중 밤나무 잎에는 엽록소가 침까지 퍼져 있어 파랗게 보이지만 상수리나무 잎의 침에는 엽록소가 없어 파란빛이 보이지 않는다.

지금은 세종시로 대부분 옮겨 갔지만 많은 정부기관의 청사가 경기도 과천에 있었다. 과천은 밤 생산지로 유명했던 곳이다. 고을 이름이 '과천', '과진', '과주', '과천'으로 변천되어 왔는데 여기서 '과(果)'라는 글자는 밤 열매를 뜻한다고 보고 있다. 밤 생산의 중심지가 한 국가 행정의 중심지가 되어 있음이 단순한 우연이라고 봐야 할까? 밤이 중요한 식량자원이었으니 밤 생산의 중심지가 국가에서도 매우 중요한 요지로 대접받는 것은 당연한 일이었을 것으로 짐작된다. 식량자원으로서 밤의 가치는 이루 말할 수 없겠으나 세계 3대 명과에 속한다는 프랑스의 마롱글라세(Marron Glacé) 역시 밤으로 만든 것이다.

밤은 약재로서도 높이 친다. 밤이 가진 약성과 효능은 일일이

열거하기도 힘들 만큼 많다. 재미있는 것은 하나의 같은 송이 속에 밤알이 세 개 들어 있다면 그중에서도 가운데 밤알이 가장 약효가 좋다고 하니, 핵심에 있을수록 더 가치가 있기로는 밤알도 마찬가지인 모양이다.

나는 이번 장에서 밤으로 기업의 핵심가치를 설명했다. 밤은 소중한 식량자원이었고 그 때문에 사람들로부터 극진한 대접을 받았다. 핵심가치 역시 그렇다. 핵심가치는 기업에서 가장 중요한 경영의 에센스로 대접받아야 한다.

잘 알려진 고사성어 중에 '조삼모사(朝三暮四)'가 있다. 원숭이를 훈련하는 사람이 원숭이에게 산밤을 나눠 주면서 "오늘부터는 아침에 세 알, 저녁에 네 알씩 주겠다." 했더니 원숭이들이 모두 성을 냈다. "그렇다면 아침에 네 알, 저녁에 세 알 주겠다."라고 했더니 모두 기뻐했다는 것이다. 기업의 핵심가치는 이렇게 변덕을 부릴 수 있는 것이 아니다. 아침이든 저녁이든 본질이 변치 않는 것이 핵심가치여야 한다.

최고경영자로서 '우리 회사의 모든 직원이 나와 같은 철학, 같은 생각을 가지고 있다'고 생각해 보라. 정말 멋지지 않은가?

인재는 아카시아처럼
뿌리내려야

사랑을 확인하는 나무

"아름다운 아~가씨, 어찌 그리 예쁜가요?"로 시작되는 노래를 기억하는가? 해태제과의 껌 광고에 나오는 노래였다. 그 껌 이름이 아카시아껌이다. 해태제과에서 출시한 이 껌은 1976년에 세상에 처음 등장했으니 벌써 40대 후반의 중년이 되었다. 지금도 편의점에 가면 볼 수 있을 만큼 긴 생명력을 이어 오고 있다. 광고 속에서 예쁜 아가씨가 하늘하늘 원피스를 입고 숲길을 걸어가는 장면을 보면서 가슴 설레었던 시절이 있었다.

"동구 밖 과수원 길, 아카시아 꽃이 활짝 폈네." 하는 동요도 있었다. 우리나라 국민들에게 매우 사랑받는 노래였다. 키가 큰 서수남과 키가 작은 하청일이 짝을 이룬 중창 그룹은 이 노래로 오랫동안 사랑받았다. 이 노래에 나오는 아카시아는 동네 야산에만 가도 지천으로 볼 수 있는 나무다. 흔히 아카시아로 부르지만 제대로 부르려면 아까시나무라 불러야 한다. 초여름이 되면 사방에 아카시아 흰 꽃이 피고, 그 향이 코를 즐겁게 만들어 준다. 아카시아 꽃은 향도 좋을뿐더러 꿀도 풍부하다.

내가 어린 시절만 해도 군것질거리가 그리 많지는 않았다. 그래서 아카시아 꽃이 피면 뒷산에 올라 아카시아 꽃 한 움큼을 따서 입에 넣고 오물오물 씹으면 향긋하고 달콤한 꿀이 입안에 가득 퍼져 나갔다. 어린 나이이니 깊은 풍미는 몰랐던 것 같고 그저 부족한 군것질을 채우는 데 급급했던 기억이다. 영화 〈리틀 포레스트〉를 보면 주인공이 아카시아 꽃을 따서 기름에 튀겨 먹는 장면이 나온다. 꽃 모양이 그대로 살아 있는 아름다운 간식이었다. 직장을 그만두면 시골로 내려가 살고 싶은 생각을 가지고 있는데, 그때가 되면 꼭 해 보고 싶은 일로 하나 더 추가가 되었다. 아카시아 꽃은 워낙 좋은 꿀을 가졌기에 벌이 많이 찾는다. 그래서 영어로 '비 트리(Bee Tree)'라는 별명도 있다.

아까시나무가 뾰족한 가시를 가진 것을 모르는 사람은 없을 것이다. 나무껍질이 변해서 만들어진 가시라 옆으로 약간만 꺾어도 잘 떨어지는 편이다. 아까시나무 가시를 살짝 꺾어 떼어 내고 그 떼어 낸 면에 침을 조금 묻혀 코끝이며 이마에 붙이고 놀기도 했다. 이와 달리 탱자나무 가시처럼 나뭇가지가 변해서 된 가시는 단단해서 잘 떨어지지 않는다. 아까시나무 중 가시가 없는 종류도 있다. '민둥아카시아'라고 부른다. 재밌는 것은 이 민둥아카시아에서 종자를 얻어 땅에 뿌리면 자라나는 묘목 중 대략 절반은 가시가 있고 절반은 가시가 없게 된다고 한다. 이유는 잘 모르겠다.

영화배우 신성일, 엄앵란 등 지금은 타계했거나 원로가 된 전설의 배우들이 등장했던 영화나 드라마 속에서는 연인들이 서로의 사랑을 확인하는 데 아카시아 나뭇잎을 활용하곤 했다. 잎 하나씩을 떼어 내면서 '사랑한다', '사랑 안 한다'를 반복한다. 제일 마지막에 남는 잎에 해당하는 순서에 따라 상대가 나를 진정으로 사랑하는지를 확인하는 방식이었다. 유치하지만 연인끼리는 그런 유치한 놀이조차 사랑의 한 부분이 되기도 한다.

산림 조성과 닮은 인재 양성

이런 아까시나무는 황폐지에서 잘 자란다. 생명력이 매우 강한 나무이다. 그런데 아까시나무가 이런 강력한 생명력을 가지기 위해서는 땅에서 많은 영양분을 흡수하게 된다. 특히 땅속에 있는 인산과 칼리를 대단히 빨리 흡수해 버리기 때문에 아까시나무가 많이 자란 땅에는 당연히 인산과 칼리가 부족해지기 십상이다. 그럼에도 불구하고 워낙 성장이 좋기 때문에 황폐지 조림을 위해 많이 심어지는 대표적인 나무였다. 보통 10년에 10미터를 자란다고 한다. 그래서일까? 미국의 루스벨트 대통령이 테네시강 유역에 조림해서 황폐지 복구에 성공한 나무로 많이 알려져 있다. 우리나라도 전후 황폐해진 산을 복구하기 위해 이 나무를 많이 심은 나라에 속한다. 황폐한 땅에는 우선적으로 뿌리 내림이 좋고 성장이 빠른 나무를 심어서 땅을 결속시켜 주고, 겨울이 되면 그 나무들이 만들어 낸 잎과 가지를 떨어뜨려 땅에 거름을 공급해 주는 것이 도움이 된다. 그런 면에서 아까시나무는 최적임자라 할 만하다.

경영을 하다 보면 어느 순간 사람이 부족함을 느끼게 된다. 엄밀히 말하면 사람은 많은데 쓸 만한 사람이 적은 것이다. 최근에는 대학을 졸업한 신입 사원을 채용하면 완전히 새롭게 교육을 시켜야 한다고 하소연을 한다. 그 기간만 평균 2년이 걸린다고 하니 그럴 만도 하다. 그래서 많은 기업들이 신입 사원보다는 경력직 사원을 채용하는 추세다. 그런데 이렇게 채용한 경력직 사원들 역시 얼마간 자기가 가진 지식과 경험을 쏟아 내면 더 이상 새로운 것을 내놓기 어렵게 된다. 이런 순간이 되면 적절한 교육과 훈련 프로그램을 통해 지속적으로 직원들의 역량을 향상시켜야 한다.

경력직 사원을 수혈하는 것은 마치 아까시나무로 황폐지를 조림해서 급한 불을 끄는 것과 비슷하다고 할까? 경력직 사원들로 지금 당장의 어려움을 이겨 내고 기술이나 지식을 도입하면 얼마간은 꾸려 갈 수 있을지 모르겠다. 하지만 그들이 해 줄 수 있는 역할을 다하고 나면 그 이후에는 어떻게 될까? 아마도 회사의 역량이 더 이상 올라가기는 힘들지 않을까 생각된다. 그렇다고 한번 채용한 경력직 사원들을 헌신짝 버리듯 다시 내쫓을 수도 없는 노릇이다. 경력직 사원들로 쉽게 인재 갈증에 방비할 수는 있을지 몰라도 지나치게 경력직 사원으로만 직원을 구성하게 되면 아까시나무 조림지의 부작용이라 하는 인산과 칼리 부족과 같은 어려움을 기업 역시도 겪게 될 것이다.

기업은 생명력을 가진 생명체여야 한다. 생명체란 무엇인가? 끊임없이 세포의 생성과 사멸이 반복되면서 생명을 유지하는 것이다. 회사를 부를 때 '사람 인(人)' 자를 붙여 법인이라고 부른다. 그 말은 기업 역시 끊임없이 세포가 생성되고 사멸됨을 반복해야 한다는 것이다. 기업에서 세포는 사람이다. 인재다. 당연히 기업이 오래 살아가기 위해서는 기업의 세포인 인재가 채용되고 육성되는 과정이 반복되어야 하는 것이다.

천년 기업을 꿈꾼다면 사람을 심어야

~~~~~~~~~

그런데 기업 현장을 많이 다니면서 한 가지 안타깝게 느낀 것은 인재 육성을 말하면서 그에 따른 체계적인 전략이나 계획이 별로 없다는 것이다. 인재를 육성하기 위해서는 한 치 앞을 내다보기보다는 조금은 긴 호흡으로 체계를 다듬고 그에 따라 꾸준한 투자와 관리를 진행할 필요가 있다. 문제는 요즘 기업들은 그런 여유들을 갖지 못하는 것 같다는 것이다. 남이 좋다고 하면 그대로 모방하고 똑같이 교육시키고 금방 결과를 얻으려고 한다. 너무 조급하다.

중국 제나라 재상 관중(管仲)의 사상을 담은 책《관자(管子)》'권수편(權修扁)'에 "일년지계막여수곡(一年之計莫如樹穀), 십년지계막여수목(十年之計莫如樹木), 종신지계막여수인(終身之計莫如樹人)"이라는 문구가 나온다. 흔히 '종신(終身)' 대신 '백년(百年)'을 넣어서 '교육은 백년지대계(百年之大計)'라고 써먹는 문구다. 해석하면 1년의 계책에는 곡식을 심는 것만 한 것이 없고, 10년 계책에는 나무를 심는 일만 한 것이 없으며, 평생을 위한 계책에는 사람을 심는 것만 한 일이 없다는 뜻이다. 천년 기업을 꿈꾸면서 1년도 내다보지 않는 계획을 세우는 기업들은 지금부터라도 어떻게 사람을 심을 것인지를 진지하게 고민해야 할 것이다.

토착 vs 외래? 녹아 드는 것이 중요하다

경력직 사원의 단점 중심으로 얘기하다 보니 아까시나무에 대해 부정적인 방향으로 글을 쓰고 말았다. 그러나 아까시나무는 장점이 많은 나무다. 잘 썩지 않기 때문에 철도의 침목이나 말뚝으로 많이 쓰였다. 땅속에서 오래 버텨야 하는 곳에는 참나무나 다른 목재보다도 더 적합한 것이었다. 실로 내실 있는 목재라 할 수 있다.

이경준 교수의 《이야기가 있는 나무백과》에는 헝가리의 아까시나무 이야기가 나온다. 헝가리에서는 아까시나무를 매우 귀하게 여긴다고 한다. 국회의사당을 둘러싸고 높이 솟은 나무도 아까시나무란다. 그리고 그들은 헝가리에서 자라는 나무를 총 집계한 조림 물량 분류에서 아까시나무를 토착 수종에 넣는다고 한다. 도입된 지 200년이 넘었고 헝가리 임업에 크게 기여하고 있는데 외래 수종으로 취급할 이유가 없다는 것이다. 경력직 사원 역시 마찬가지다. 이야기를 전개하다 보니 단점을 꼬집었지만 실로 장점이 상당히 많다. 그런 경력직 사원을 이단아 취급할 이유가 없는 것이다. 신입이냐 경력이냐가 중요한 것이 아니라 조직에 적합한 인재인가가 중요하다.

특히, 기업의 경영자나 리더는 어떻게 하면 경력직 사원이 조직에 잘 녹아 들게 만들 것인가에 관심을 기울여야 한다. 흔히 경력직 사원이 들어오면 의욕 과잉으로 오히려 독이 되는 경우가 있다. 축구나 야구 경기에서 교체되어 들어간 선수가 큰 실수를 저질러 시합을 망치는 경우와 비슷하다. 아주대학교 김경일 교수는 저서 《이끌지 말고 따르게 하라》에서 교체 선수가 패배의 원인이 되는 이유를 두 가지로 설명하고 있다. 첫째, 무언가 보여 주기 위해 새 직장의 단점과 문제점을 찾는 데 집중한다. 전 직장과의 비교를 입

에 달고 사니 새 동료들이 좋아할 리 없다. 사이가 벌어진다. 둘째
는 그 반대다. 적응과 조화를 잘하려는 생각만 앞선다. 결과는 기
존의 규칙과 관습을 익히는 데만 몰두하니 새로운 피를 수혈한 효
과가 없다. 매우 일리 있는 설명이다. 이런 현상을 피하려면 어떻
게 해야 하는가? 김경일 교수는 역시 두 가지 해법을 제시했다. 첫
째, '당신의 능력을 발휘해', 둘째, '우리도 몰랐던 우리의 장점을 찾
아 달라'고 요구하라고 조언한다. 이유인즉, 첫 번째 요구를 충족하
기 위해서는 자신의 장점에 집중해야 하며, 두 번째 요구를 충족하
기 위해서는 새로운 조직과 새 동료들의 장점에 집중해야 하기 때
문이란다. 결국 장점에 집중하게 만드는 것이다. 매우 지혜로운 접
근이다.

우리 땅의 루키가 된 아카시아

~~~~~~

끝으로, 아까시나무에 대해 잘못 전래된 이야기 하나를 바로잡
고 마무리 지어야겠다. 아까시나무는 일제가 우리나라의 기운을
누르기 위해 심었다는 이야기이다. 워낙 생장이 빠른 데다 뿌리를
뻗고 뻗으면서 자라는 나무다 보니 일제가 아까시나무로 조선의
산을 덮어 기운이 더 살아나지 못하게 했다는 것이다. 나무 안에는
좋지 못한 독기가 있다는 말까지 있다. 그러니 국력을 총동원해서

없애 버려야 한다는 주장이다. 어디서 유래했는지 모르겠으나 이런 말들은 모두 황당무계하게 퍼져 나온 이야기라 한다. 요즘 말로 '가짜 뉴스'다.

다시 한번 말하지만 아까시나무는 목재로, 꿀로, 조경수로 높이 평가받아 마땅한 나무다. 19세기 말에 우리나라에 도입되었다고 하는데 이제 가장 한국적이며 향기가 좋고 흰 구름 같은 꽃으로 마을을 감싸 주는 나무가 되어 있다.

리즈 와이즈먼의 저서 《루키 스마트》에서는 기존 업무가 아닌 새로운 업무를 시작하는 사람을 '루키(Rookie)'로 표현하면서 기존 인력보다 루키가 훨씬 더 나을 수 있음을 역설한다.

"경험은 교량 건설이나 발레 또는 피아노 연주처럼 안정된 분야에서 뚜렷한 이점을 가지고 있지만 불안정하거나 빠르게 진화하는 분야에서는 진전을 저해할 수 있다. 세상이 빠르게 변할 때, 경험은 저주가 되어 낡은 행동 방식과 지식 안에 우리를 가둔다. (중략) 루키들은 축적된 지식에 안주하지 않고 학습의 힘을 활용함으로써 종종 최고의 성과를 올린다."

비록 새롭게 시작하지만 주위 사람들의 기술과 역량을 동원하는 능력이 있다면 더 큰 성과를 만들 수 있다.

새로운 환경에서 그 토양의 특성에 잘 녹아 들며 뿌리를 뻗어

나가는 아까시나무가 이미 자리를 잡고 있던 나무들보다 더 큰 성장을 만들어 내는 모습도 이와 같지 않을까. 그러니 윤석중 님의 동시 〈고향땅〉에서도 '고향의 나무'로 인정했으리라.

"고향땅이 여기서 얼마나 되나 / 푸른 하늘 끝닿은 저기가 거긴가 / 아카시아 흰 꽃이 바람에 날리니 / 고향에도 지금쯤 뻐꾹새 울겠네."

애자일의 대명사,
대나무

유연하고 빠른 나무

"나무도 아닌 것이 풀도 아닌 것이 / 곧기는 뉘 시기며 속은 어이 비었는가 / 저렇게 사시에 푸르니 그를 좋아하노라."

고산 윤선도 선생의 〈오우가(五友歌)〉에 나오는 구절이다. 대나무를 칭송하는 내용이다.

이 글에서도 나오듯 사람들은 흔히 대나무를 두고 나무냐 풀이냐 하는 논쟁을 하는 경우가 더러 있다. 나무와 풀을 구분하는 가장 쉬운 방법은 땅 위의 줄기가 여러 해 동안 계속 '굵기' 성장을 하느냐로 보면 된다. 나무는 여러 해 동안 자라지만 풀은 그렇지 않다. 이런 면에서 보면 대나무는 1년간 성장을 다 하기 때문에 나무라고 보기 어렵다. 그렇지만 대나무를 풀이라고 하는 사람은 많지 않다. 우선 줄기가 풀이라고 하기엔 너무 굵고 단단하며, 잎이 겨울에도 떨어지지 않고 푸름을 지니고 있기 때문이다.

어쨌든 대나무가 나무건 풀이건 그건 그리 중요한 일은 아닌 것 같다. 중요한 것은 대나무는 아주 오래전부터 사람들에게 매우 이로운 나무였다는 점이다. 쓰임새가 많기 때문이다. 흔히 알고 있듯이 대나무 줄기를 그대로 활용해서 낚싯대나 관악기 같은 것을 만들었다. 줄기를 가늘게 갈라서 엮으면 돗자리나 바구니, 조리 같은 것이 되기도 한다. 많이 알려져 있지는 않지만 대나무 펄프는 고급 종이의 원료가 되기도 한다. 대나무의 어린 순은 죽순이라 해서 식용 재료로도 가치를 인정받고 있다.

대나무가 쓰임새가 많은 첫 번째 이유는 부드러움 때문이다. 몸체가 좀 크고 굵다 해도 불에 살짝 가열하면 구부려서 사용하기가 좋다. 다음 이유는 잘 갈라지기 때문이다. 칼로 살짝 칼집을 내면 한 번에 쫙 갈라진다. 이렇게 갈라진 대나무 살은 여러 가지 공예품을 만드는 데 요긴하게 사용되었다. 식생활에도 다양한 쓰임새가 있다. 죽순의 쓰임새는 이미 말했고, 대나무 큰 마디를 이용해 대통밥을 짓기도 하고 떡을 찌거나 할 때 댓잎을 깔아 쓰기도 했다.

이렇듯 대나무만큼 다양한 모양과 용도로 활용되고 변신이 가능한 나무는 없을 것으로 판단된다. 자람은 또 어떠한가? 우후죽순(雨後竹筍)이란 말이 있다. 봄날 비 온 뒤에 대나무가 자라는 모습을 표현한 말이다. 실제 대나무는 자라는 소리가 들린다고 할 정도로 자람에 대단한 속도를 보인다. 한 나무가 자라는 것도 그렇지만 군집으로 자라는 속도도 대단하다. 대나무는 지하경(地下莖)이라고 해서 땅속줄기로 번식을 하는데 집 근처에 자리를 잡으면 너무 빨리 자라 집을 파고들 정도라는 말도 있다. 이러니 대나무는 실로 대단한 유연성과 민첩성(Agility)을 가진 나무라 부를 수 있다.

민첩성 조직

기업을 경영함에 있어서도 유연성과 민첩성은 대단히 중요한 것으로 말해진다. 특히 최근과 같이 경영환경이 매우 빠르게 변하는 시대에는 기업이 유연성과 민첩성을 가지지 못하면 자칫 한순간에 도태되기 십상이다.

그런 면에서 보면 최근 세상을 주름잡고 있는 기업들은 기본적으로 유연성과 민첩성을 내재하고 있는 기업이라 할 만하다. 인터넷 서점으로 시작해 세계 최대의 리테일 회사가 된 아마존이 대표적이다. 2007년, 전자책 시장이 성장할 것을 예상하고 선제적으로 킨들(Kindle)을 개발했다. 이후 음성서비스인 에코(Echo)를 출시했고, 에코는 2014년 음성비서 알렉사(Alexa)로 발전한다. 종합 쇼핑몰로 발전하던 2005년에는 '아마존 프라임'이라는 구독서비스를 론칭했다.

온라인 세상을 지배하는 아마존은 오프라인 세상으로 다시 진출했다. 2015년 오프라인 서점 '아마존 북스', 2016년 무인매장 '아마존 고', 2018년 전자제품과 주방용품 전문점인 '아마존 4스타', 2020년 '아마존 프레시', 2021년 헤어숍 '아마존 살롱', 2022년 무인 패션매장 '아마존 스타일' 등을 선보였다. 아마존이 오프라인으로 간 까닭은 뭘까? 단순한 시장 확장이 아닌 온라인과 오프라인을 통합하여 모든 소비자의 일상생활 속에서 데이터를 확보하기 위해서다. 아마존이 이렇게 확보한 데이터는 고객 니즈(Needs)에 맞는 상품을 선제적으로 개발하거나 제안할 수 있게 하며, 전 세계에 분포하는 물류시설의 효율을 극대화할 수 있게 해 준다.

그렇게 아마존은 데이터를 통해 경쟁자보다 민첩하고 유연하게 움직여 왔다. 반면 2013년 9월 마이크로소프트에 인수되면서 세상을 깜짝 놀라게 했던 노키아의 운명은 그 반대라 하겠다. 2G폰 세상의 지배자였지만 스마트폰 시장으로 민첩하게 진입하지 못하면서 쇠락의 길로 접어들 수밖에 없었다.

1995년 골드먼, 나겔, 프라이스는 '민첩성 경영(Agile Competition)'을 말하면서 민첩 기업의 네 가지 특성을 제시하였다. 첫째, 제품이 아닌 해결을 판매함으로써 고객을 윤택하게 한다. 고객이 안고 있는 문제를 해결하겠다는 생각으로 고객과 우호적인 신뢰관계를 형성함으로써 고객과 하나가 되어 고객의 문제 해결에 필요한 것이 무엇인지를 찾아내야 한다는 것이다. 둘째, 경쟁력을 높이기 위해 타사와 협력한다. 기업의 경영자원은 한계가 있기 때문에 단일 기업만으로는 민첩하게 대응하기 어렵다. 따라서 독립된 기업끼리 어떤 목적을 위해서 경영자원을 서로 제휴하고 협력하는 이른바 '가상 조직(Virtual Organization)'을 만들 필요가 있다는 것이다. 셋째, 변화와 불확실성에 대한 시스템을 내부에 만든다. 대부분의 기업 조직은 상사가 부하에게 지시하고 부하는 그 지시를 따르는 형태로 되어 있다. 그런데 만약 현장에서 문제가 생겼을 때 항상 이런 형태로 일이 진행된다면 그리 효율적인 조직이라 할 수 없다. 이런 경우 권한을 현장으로 분산시켜 의사결정을 빠르게 진행시키는 것이 더 좋을 것이다. 또한 이런 환경에서 직원들은 더욱 창의적인 아이디어를 제시하는 등 보다 능동적인 조직문화를 만들 수도 있을 것이다. 넷째, 인재와 정보를 최대한 활용한다. 인재의 중요성은 더 말할 나위가 없겠고, 특히 최근에는 빅데이터를 포함해 정보의 활용이 매우 중요하게 대두되고 있다. 다양하게 확보된 정보를 활용하여 신제품 개발은 물론 마케팅에 활용하기도 하고, 심지어 리스크 관리(Risk Management)까지 정보의 활용 영역은 날로 넓어지고 있다.

생존과 직결되는 민첩성

세계적인 경영대학원인 프랑스 인시아드(INSEAD)의 이브 도즈 교수 역시 급속도로 변화하는 환경에 대응하기 위해서는 '전략적 민첩성(Strategic Agility)'을 갖추라고 조언하고 있는데, 전략적 민첩성의 3대 요소로 '전략적 감수성', '집단적 몰입', '자원 유동성'을 말하고 있다. 이 역시 민첩성 경영에서 말하는 요소와 맥을 같이하는 것이다. 이브 도즈 교수는 "대부분의 기업들이 성장과 성숙의 과정을 거치면서 '전략적 민첩성'을 상실하고 혁신이 중단돼 역사 속에서 사라지곤 한다"며 "기업 성장을 위해서는 생존 방식의 습득이 아니라 어떻게 전략적 민첩성을 유지하고 쇄신하는지가 중요하다"고 말한다. 휴대폰 시장에서 모토롤라와 노키아가 전략적 민첩성을 보이지 못해 쇠퇴의 길을 걸었고, 음반 시장에서 EMI나 소니가 역시 마찬가지의 길을 걸었다. 결국 기업에 있어 유연성과 민첩성은 경영성과의 개선 수준이 아닌 생존과 직결되는 것이라 할 수 있다.

흔히 치타의 사냥 실력은 속도가 아니라 민첩성과 가속도에 달려 있다고 한다. 치타는 민첩성에 기반을 둔 사냥을 통해 생존하고 있다. 치타가 민첩성을 잃어버리는 순간 지속적인 생존을 담보할 수 없는 것이다. 여기서 말하는 대나무는 어떠한가? 앞에서 언급한 것처럼 대나무 역시 대단히 유연하고 민첩한 나무다. 대나무가 이런 유연성과 민첩성이 없었다면 사람들로부터 이토록 많은 사랑을 받는 나무가 될 수 있었을지는 모를 일이다. 줄기 상태로, 뿌리로, 잎으로, 때로는 온전한 모습으로, 그리고 때로는 갈라진 모습으로 대나무는 사람들의 다양한 니즈를 충족시켜 왔다. 그리고 민첩하게 개체를 늘려 왔기 때문에 사람들의 손에 그렇게 많이 쓰이면서도 생존의 위협 없이 곳곳에서 여전히 잘 자라고 있기도 하다.

약간 다른 이야기이지만 제주도에 가면 조릿대라는 식물이 있다. 대나무 모양을 하고 있지만 아주 낮게 자라는 식물이다. 그런데 최근 이 조릿대가 엄청나게 번식하면서 한라산 생태계에 위협이 되고 있다는 얘기가 들린다. 원인에 대한 몇몇 주장들이 있는데 그중 하나가 말과 관련 있다. 제주도에서는 본래 말을 방목해서 키웠는데 배설물 문제 등 미관상 좋지 않다는 이유로 가둬 키우기 시작했다. 관광객이 많이 찾는 제주도 입장에서는 꽤나 부담이 되었던 모양이다. 문제는 이 말들이 조릿대를 먹이로 하고 있었는데 천적이 없어져 버리자 조릿대가 급속히 자라났다는 것이다. 상당히 일리 있는 주장이다. 민첩성이 탁월한 조릿대의 증가는 다른 식물에게는 치명적인 위협이 되고 있으니 참 세상은 아이러니하다.

참고로 조릿대를 차로 끓여 먹으면 고혈압에 최고의 효능을 보인다고 한다. 오래된 두꺼운 잎 15장 정도를 물 2리터에 끓여서 마시면 된다. 이때 잎은 어린잎보다 오래된 두꺼운 잎이 효능이 있다하니 역시 뭔가를 고치는 데는 연륜이 필요한 모양이다. 조릿대의

지하경은 암세포 증식을 막는 효과가 있다고도 한다.

애자일의 핵심 역시 '사람'이다

얼마 전 전문가를 연결해 주는 스타트업 '크몽'의 박현호 대표를 만났다. 조직이 점점 커지면서 프로젝트 추진에 속도가 더뎌지거나 의사결정에 어려움이 생겨나는 것 같아 파일럿으로 몇몇 애자일팀을 만들어 운영했단다. 수개월의 운영 결과 나름 성공적이라고 판단되어 일부 지원부서만 제외하고 전 조직을 애자일팀으로 바꿀 예정이라고 했다. 최근 많은 기업들이 애자일 경영을 한다거나 애자일 조직을 만들고자 하나 막상 잘 안 되는 경우가 많다. 그래서 박현호 대표에게 애자일팀 운영의 성공 요인이 무엇인지 물어보았다. 그는 아주 간단하면서 확신에 찬 목소리로 이렇게 답했다.

"신뢰입니다. 신뢰가 없으면 성공할 수 없습니다."

그의 주장은 이렇다. 애자일을 하기 위해서는 많은 의사결정 권한을 위임해야 한다. 그런데 신뢰가 없으면 권한 위임을 할 수가 없다. 그렇게 되면 무늬는 애자일팀인데 자체적으로 의사결정을 전혀 하지 못하고 계속 경영진이 개입하게 된다. 결국 실패로 이어질 수밖에 없다. 게다가 경영진은 아무래도 실무에서 손을 뗀 지

오래되었기 때문에 현장의 소리, 현장의 기술을 놓치는 경우가 많다. 현장과 동떨어진 의사결정을 할 위험이 오히려 더 커진다는 것이다. 한국 기업에 특히 해당되는 이야기가 아닌가 한다.

조직디자인연구소의 정재상 대표는 저서 《애자일 컴퍼니》에서 2011년 게리 하멜이 《하버드 비즈니스 리뷰(HBR)》에 쓴 '먼저 모든 관리자를 해고하자'라는 급진적인 글을 소개했다. 경영의 가장 큰 비용과 비효율은 바로 다름 아닌 관리자들로부터 발생한다고 했던 일침과 맥을 같이한다. 그의 주장 역시 "관리자들은 일반 직원의 세 배 가까이 되는 인건비 부담도 문제지만 일선의 현실과 가장 먼 거리에 있으면서 의사결정의 품질과 속도를 늦추는 주요 요인"이라고 하니, 박현호 대표의 말과 같은 뜻이다.

같은 책에서 그는 한국 기업에서 애자일이 안되는 이유를 재미있게 표현했다. 무척 공감 가는 말이라 공유해 본다.

우리나라 사람들은 무엇이든 빨리빨리 하는 문화로 전 세계에 알려져 있다. 그런데 왜 우리나라에는 대표적인 애자일 조직 사례가 없을까 하는 의문이다. 그 정답은 필자의 친구가 알려주었다. "우리나라 기업의 애자일은 독재 방식의 애자일이다." 그렇다. 저자가 국내 여러 기업들의 조직과 리더십을 진단해 보면서 느꼈던 것은 우리 기업의 리더나 구성원들은 일단 방향이 정해지면 일사불란하게 실행하는 추진력은 가히 세계 제일이라는 것이다. 환경이 비교적 안정적이던 시대에는 똑똑하고 추진력 있는 한두 명의 리더가 조직의 방향을 잘 제시할 수 있었지만 환경이 점점 복잡해지고 불확실해진 요즘에는 그런 방식이 점점 더 어려워지고 있다. 우리 기업들이 접하고 있는 현실이 바로 그렇다.

어릴 때부터 함께 자란 오래된 벗을 '죽마고우(竹馬故友)'라 부른다. 대나무로 말을 만들어 함께 타고 놀던 친구들이란 뜻이다. 대나무 말을 타고 놀 때는 정해진 자리가 없다. 한 명이 가장 앞자리에 섰다가 순서를 바꿔 제일 뒷자리에 서기도 한다. 그래도 질서가 유지된다. 때론 친구들 중에서 꽤나 강력한 리더십을 발휘하는 친구가 있기도 하지만 보통 이런 커뮤니티는 리더십에 의해 유지되기보다는 암묵적인 신뢰로 유지된다.

조직 이론가인 헨리 민츠버그는 리더십과 대조되는 개념으로 커뮤니티십이라는 신조어를 말했다. 조직은 리더만 이끌어 가는 것이 아니라 조직의 핵심부나 주변부 모두 공동체 의식을 가진 모든 구성원의 참여가 중요하다는 의미로 커뮤니티십을 말한 것이다. 효과적인 조직은 수동적인 자원의 집합체가 아니라 능동적인 인간 존재로 구성된 공동체이며, 공동체 구성원들이 조직의 더 높은 목적을 달성하기 위해서라면 누가 시키지 않더라도 자발적이고 열정적으로 공동의 과제에 참여한다는 것이 민츠버그의 설명이다.

그런 면에서 정재상은《애자일 컴퍼니》에서 변화에 민첩한 조직의 핵심이 바로 '사람'이라고 했다. 빅데이터나 인공지능을 활용한 예측기법이나 다른 기업들이 운영하는 애자일팀의 구조를 도입한다고 해도 통찰력을 가진 리더와 참여적이고 열정적인 구성원을 결코 대체할 수는 없다는 것이다. 깊이 새겨 볼 말이다.

제3장
줄기가 강해야
튼튼한 경영을 만든다

성장하려면
주목(朱木)을 주목하라

살아서 천년, 죽어서 천년

'살아서 천년, 죽어서 천년'을 간다는 나무를 들어 본 적이 있는가? 주목이 그 주인공이다.

'주목(朱木)'은 목재의 붉은 색깔 때문에 붙여진 이름이다. 내가 처음으로 주목을 본 것은 동아리 선배가 찍은 사진 속에서였다. 군락을 이룬 주목들의 자태가 어찌나 아름답던지 첫눈에 사랑에 빠질 지경이었다. 특히, 주목의 열매는 지금까지 본 나무 열매 중에서 으뜸이라 할 만했다. 당시에는 그 나무 이름을 정확히 알지 못했으나 그 이후 주목이라는 이름을 듣고 머릿속에 단단히 각인이 되었다.

주목은 나무들 중에서도 꽤나 존중을 받는 편에 속한다. 예컨대, 일본의 신사에서 신을 모실 때 사용하는 홀(笏)을 만드는 데 쓰는 나무가 주목이다. 불상을 만드는 데도 이용되었고, 아주 귀한 이들의 관을 짜는 데도 주목을 썼다. 신성한 일에 쓰는 물건을 만드는 데 소중한 나무를 쓴 것이다. 아주 크게 자란 주목을 가로로 잘라 만든 바둑판은 최상으로 꼽힌다.

내가 다닌 대학교 교정에도 주목이 몇 그루씩 있기는 했으나 가장 많은 주목을 한꺼번에 본 것은 소백산 정상 비로봉의 주목 군락에서였다. 대학 때 야생화연구회라는 동아리 활동을 잠시 한 적이 있었다. 야생화연구회이니만큼 봄가을이면 꽃을 찾아 '탐화(探花)'를 나섰다. 그때 수차례 갔던 산이 소백산이다. 주목에 매료된 것은 아마도 가을꽃을 보기 위해 두 번째로 소백산을 찾았을 때로 기억된다. 실제로 주목에 열매가 달려 있는 모습은 사진 속 느낌과는 상당히 달랐다. 짙은 초록색 잎에 빨간 열매가 어우러진 그 모습은 정말 장관이었다. 특별히 주목의 빨간 열매가 기억에 남는 것은 색깔도 색깔이려니와 그 모양새가 참으로 앙증맞기 때문이기도 했다. 마치 빨간 종지에 까만 열매를 담아 놓은 듯한 모양을 하고 있다.

언젠가 프랑스의 베르사유궁전에 갈 기회가 생긴다면 뜰에 기하학적 모양을 하고 있는 나무에 주목해 보기 바란다. 대부분 아름다운 주목이다. 최근에는 이 열매에 함유된 택신(Taxine)이라는 물질이 혈압을 떨어뜨리고 주목 껍질에는 항암효과가 있다 하여 많은 연구가 진행되었고, 미국과 프랑스에서는 임상시험을 거쳐 제품이 생산되었다고 한다. 다만, 주목 껍질에서 성분을 추출하려면 약 1만 2,000그루의 나무를 베어야 겨우 2킬로그램 정도를 얻을 수 있다고 한다. 10년에 1미터 남짓 자라는 주목의 생장 속도를 생각하면 함부로 할 일은 아니다. 다행히 목재가 아닌 씨눈에 더 많은 항암성분이 있음을 찾아내고 대량 증식에도 성공했다 하니 다행이라 할 만하다.

주목의 생존 전략

과학적으로 보면 주목의 잎은 부족한 햇빛을 최대한 받아들이기 위한 장치로 볼 수 있다. 짙은 녹색은 빛의 많은 스펙트럼을 받아들일 수 있는 색깔이라 한다. 어릴 때 성장이 매우 느린 주목은 다른 나무들 밑에서 햇빛을 제대로 받기가 어렵다. 이때 짙은 녹색의 잎은 성능을 제대로 발휘하게 된다. 주목의 열매 또한 특별한 목적을 숨기고 있다. 같은 침엽수 종류인 소나무 씨앗에는 공기주머니가 달려 있어 바람에 멀리 날아가서 번식할 수 있다. 이와 달리 주목 열매에는 공기주머니 같은 것이 없어 멀리 이동할 수 없는 구조이다. 따라서 주목은 씨앗을 멀리까지 보낼 방법을 찾아야 하는데 붉은빛의 열매는 새들의 눈에 잘 띄어 좋은 먹이가 되는 것이다. 새들이 열매를 먹고 멀리 가서 배설을 해 줌으로써 주목은 후손을 널리 퍼뜨리게 되는 것이다. 실제 소백산에서 맛본 주목 열매는 꽤나 달콤했다. 새들도 나와 식성이 같다면 아주 좋아할 맛이랄까.

리처드 도킨스의 세계적 명저《이기적 유전자》에서 말하는 종족 번식의 본능이 제대로 발현된 모습인지도 모르겠다. 리처드 도킨스는 이 책에서 '생존 기계'라는 용어를 쓰고 있다. 여기서 도킨스는 생존 기계의 행동이 목적의식이 있는 인간의 행동과 매우 닮았다고 말한다. 주목의 생존 기계인 붉은 열매에도 숭고한 목적을 담고 있을 것이다.

그렇다면 이런 주목의 짙은 초록색 나뭇잎과 붉고 달콤한 열매는 기업으로 보면 어떤 목적의식이 될까? 나는 성장 전략과 가장 부합하지 않을까 하는 생각을 해 본다. 기업은 현재의 비즈니스가 잘 운영되고 있다 하더라도 미래를 위한 새로운 성장의 동력을 찾아내고 개발해야 한다. 특히, 최근처럼 뉴노멀로 불리는 저성장 기조가 오래 지속되는 경우 기업은 성장의 돌파구를 찾기가 더더욱 어려워진다. 성장하지 못하는 기업은 곧이어 쇠퇴의 길로 접어들 우려가 있다. 더 염려스러운 것은 기업이 성장하지 못하면 그 안에 있는 구성원들 역시 성장할 수 없다는 데 있다. 성장하지 못하는 구성원들은 다른 곳으로 눈을 돌리기 마련이다. 결국 기업이 성장하지 못한다는 것은 일시적인 어려움에 끝나지 않는다. 핵심 인

재가 유출되고 그로 인해 다가올 미래도 준비할 수 없다. 악순환의
고리에 빠져든다.

따라서 경영자는 항상 새로운 성장동력 발굴 노력을 등한시해
서는 안 된다. 너무나 당연한 얘기다. 우리의 핵심역량이 무엇인
지, 그 역량을 어떻게 확장해 나갈 것인지 진지하게 고민해야 한
다. 이를 토대로 기업의 성장 경로를 설정해야 하며, 그 바탕에는
고객에 대한 철저한 이해가 전제되어야 한다.

성장하지 못하면 쇠퇴한다

2015년 초에 글로벌 가구 공룡기업 이케아가 한국에 진출했다.
이케아의 진출 이전부터 만약 이케아가 한국에 들어온다면 한국의
가구 기업들은 거의 고사할 것이라는 침통한 걱정이 팽배했었다.
그런데 이때 이케아의 진출에 과감히 도전장을 내밀고 실제로 꽤
성공적인 모습을 보인 기업이 있다. 바로 부엌 가구로 유명했던 한
샘이다. 한샘은 부엌 가구로 시작을 했으나 가구에 대해 지속적으
로 콘셉트를 부여하면서 거실로, 서재로, 안방으로, 화장실로 그 영
역을 넓혀 왔다. 가구 제작에서 인테리어로 영역을 넓히기도 했다.
채널 역시 기존의 대리점, 판매점 채널에서 홈쇼핑이나 인터넷으
로 발 빠르게 옮겨 가면서 성공적인 행보를 계속 이어 왔다. 자신

들이 가진 핵심역량, 즉 코어(Core)에 기반을 두어 그 코어를 넓히고 궁극적으로 새로운 코어를 창조해 내는 이상적인 모습을 보이고 있는 것이다.

이런 일련의 과정을 경영학에서는 성장 전략이라고 부른다. 특히, 한샘과 같이 자체 역량을 활용하고 확대해서 나가는 방식을 '내부 성장 전략' 또는 '유기적 성장(Organic Growth)'이라고 표현한다. 반면, 최근 활발하게 일어나고 있는 M&A 방식, 즉 한화그룹의 대우조선해양 인수, KG그룹의 쌍용자동차 인수와 같이 외부 역량을 통합하거나 활용한 성장을 '외부 성장 전략' 또는 '비유기적 성장(Inorganic Growth)'이라고 한다. 현재 기업이 처한 여건에 따라 어느 방식을 취할지는 선택의 문제라고 할 수 있다.

시장의 성장 속도에 비해 우리 내부에 충분한 역량을 보유하고 있지 못하다면 외부에서 성장의 동력을 찾는 것이 시간적으로나 역량 측면에서나 더 나은 방법이 될 수 있을 것이다. 다만 '승자의 저주'라고 불리기도 하듯 일부 기업들이 무리한 M&A로 인해 오히려 큰 위기를 초래하거나 몰락의 길로 접어드는 모습을 보곤 하는데 이 점은 주의할 부분이라 하겠다. 특히나 예기치 않은 코로나 팬데믹 같은 상황에서 HDC의 아시아나항공 인수, 제주항공의 이스타항공 인수가 무산되는 등 비유기적 성장에는 항상 리스크가 따르기 마련이다.

앞서 언급했듯이 LG생활건강에서 15년 연속 성장을 이룬 후 휴

젤로 자리를 옮긴 차석용 회장의 경영은 성장 전략을 검토하는 이들에게 좋은 참고가 되지 않을까 하여 간략히 남겨 본다. 그는 LG생활건강 재직 당시 유기적 성장과 비유기적 성장의 조화를 통해 단 한 해도 거르지 않고 성장을 하는 저력을 보였다. 특히 비유기적 성장을 위한 M&A에 있어 그의 탁월한 안목과 실행력은 유명한데, 크게 세 가지 원칙으로 말하고 있다.

첫째가 대상 선정의 원칙이다. M&A는 안정된 기반 위에 놀던 물 근처에서 하는 것이 중요하다고 말한다. 특히 뛰어들기 전에 기준부터 결정하는 것이 무엇보다 중요하다고 강조한다. 그렇지 않으면 경쟁자와의 경쟁에 따라 협상 금액이 널뛰기를 할 수밖에 없다는 것이다. 승자의 저주를 피하는 방법이다. 둘째로는, 협상에 이르는 노하우를 말한다. 첫째 원칙과 비슷한 말일 수도 있는데, '계산된 배짱'이라는 표현을 썼다. 즉 리스크를 감당할 수 있는 수준에서 미리 어느 정도 의사결정을 해 놓고 상대방에게 딜(Deal)이 성사될 거라는 확신을 줘야 한다는 것이다. 끝으로, 시스템의 성공적 이식을 꼽는다. 실사 단계에서 이미 인수한 것처럼 실사를 한단다. 따라서 실사팀의 역할이 성패를 좌우할뿐더러 인수가 확정되면 10일 안에 피인수 기업의 직원들과 공감하고 3개월 이내에 개선을 한단다. 놀라운 스피드다.

성장에는 내공이 필요하다

주목의 심재는 매우 단단하고 색깔이 붉은색으로 예뻐서 목재로서 가치를 인정받고 있다. 똑같이 붉은 심재를 지닌 향나무도 주목에 비할 바가 못 된다. 오죽하면 라틴어 학명이 '탁수스 쿠스피다타(Taxus Cuspidata)'로 '뾰족한 잎을 가진 붉은 나무'로 붙여졌을까. 이 심재로 지팡이를 만들면 거의 굽어지지 않고 오래가기 때문에 그만이라고 한다. 굽어지지 않는 이유는 살아서 천년을 지내는 동안 수분이 증발하고 단단해지기 때문이다. 소위 내공을 충분히 쌓았기 때문에 나무에서 목재로 형태를 달리해도 굽어지지 않고 그 역할을 다할 수 있다고 하겠다.

진한 잎은 앞서 말했듯이 햇빛을 효과적으로 흡수하는데, 다른 나무들이 쓰지 못하고 남은 빛을 모아 이용하면서도 멋진 품격을 잃지 않고 있다. 너무 풍족해서 탈이라고 하듯, 오늘날과 같은 과소비 시대에 절약과 절제의 미덕을 말하는 듯하다.

기업에서 성장 전략을 고민할 때도 과연 우리의 역량은 어느 정도인지, 우리의 재무 상태는 어느 정도인지 충분히 고민하고 판단하여 내공을 길러야 한다. 신중함과 절제를 갖추지 않고서는 어떻게 낭패를 당할지 모를 일이다.

바둑판의 재료가 되는 주목이다. 바둑은 치밀한 전략을 상징하는 게임이기도 하다. 핵심역량을 기반으로 성장을 추구하는 주목이기에 바둑판의 재료가 되었다고 말하면 너무 과장일까. 기업의 성장 전략을 고민할 때 얼마나 치밀해야 하는지에 대해 주목이 대신 말해 주는 것은 아닐까. '살아 천년, 죽어 천년'을 간다는 신비한 생명에서 심오한 경영의 지혜를 배워 볼 만하지 않은가.

플라타너스 vs 버즘나무,
브랜드가 필요하다

시인의 나무

플라타너스라는 나무 이름은 많은 사람들에게 익숙하리라 생각된다. 우리나라뿐만 아니라 세계적으로도 가로수로 가장 인기 좋은 나무 중 하나이기 때문이다. 플라타너스는 공해에 강하고 자람이 빠르며 풍성한 그늘을 만들어 주기 때문에 가로수로 매우 적합한 것으로 평가된다. 다만 한자로 '천근성(淺根性)'이라고 표현하는데 뿌리가 깊이 내리지 않는 나무인지라 가지를 잘 쳐 주지 않으면 여름철 태풍에 쉽게 쓰러질 위험이 큰 나무이기는 하다.

나의 기억 속에 가장 인상 깊은 플라타너스 가로수 길은 태릉에서 육군사관학교를 끼고 남양주 별내로 넘어가는 길이 아닌가 싶다. 늦은 봄부터 여름까지 녹음이 우거진 시기에 태릉의 가로수 길을 걷거나 운전을 하면서 지나가노라면 머리부터 발끝까지 전해 오는 시원함은 말로 형언하기가 힘들 지경이었다. 물론 쭉쭉 하늘로 뻗어 오른 나무 하나하나의 웅장함 자체만으로도 장관을 이루고 있음은 더 말할 나위가 없기도 하다. 누구의 발상으로 그 거리에 플라타너스를 가로수로 심었을까? 길 양쪽으로 도열한 플라타너스를 보노라면 육군사관학교 생도들의 절제되고 정돈된 도열을 보는 느낌마저 들어 참 잘 어울리는 위치에 심어졌다는 생각을 하곤 했다.

프랑스 파리의 가로수 중에도 플라타너스가 많다. 우리나라와 좀 다른 것은 낮은 가지는 쳐 내고 높은 가지는 남겨 두되 높은 곳에 있는 풍성한 나뭇가지를 사각 모양으로 반듯하게 전지작업을 해서 아주 가지런하게 줄을 지어 있는 모습이다. 그 모습이 꼭 머리를 짧게 자른 군인 같아서 혹시 전쟁에 승리하고 돌아오는 프랑스 군대의 행렬을 묘사한 것은 아닐까 혼자 생각해 본 적이 있었다.

그런데 플라타너스 하면 왠지 모를 멋이 느껴지는 것은 나만의 생각일까? 학창 시절 교과서에 김현승 시인의 〈플라타너스〉라는 시가 있었다. "꿈을 아느냐 네게 물으면 / 플라타너스, / 너의 머리는 어느덧 파아란 하늘에 젖어 있다."로 시작되던 그 시는 매우 멋스러운 시로 유명하다. 연애하는 이들이 가장 많이 인용하는, 사랑받는 시로 알려져 있었다. 그래서인지 플라타너스 하면 꽤나 고상한 나무로 생각되었던 것 같다.

이름이 다 한다

플라타너스를 우리말로는 버즘나무라고 부른다. 나무껍질이 군데군데 벗겨져 있어 옛날에 많이 유행하던 피부병의 일종인 버즘처럼 보인다고 붙여진 이름이다. 나무의 모양새를 매우 잘 표현한 이름이라고 볼 수 있다.

우리나라에서 볼 수 있는 플라타너스 종류는 버즘나무, 양버즘나무, 단풍버즘나무 등이다. 종류를 모두 기억할 필요는 없겠으나 거리에서 쉽게 구분할 수 있는 방법은 열매의 개수를 확인하는 것이다. 플라타너스 열매는 동글동글한 공처럼 생겼고, 표면에 솜털이 있어 길에서 나무를 올려다보면 쉽게 발견할 수가 있다. 우선 버즘나무는 열매가 2~6개씩 무리 지어 달리고, 양버즘나무는 열매가 하나씩만 달린다. 버즘나무와 양버즘나무의 잡종인 단풍버즘나무는 열매가 두 개씩 달린다. 앞으로 플라타너스의 열매를 보면 조금은 더 친숙해지리라. 아는 만큼 사랑하게 된다고 하지 않았던가.

그런데 문제는 플라타너스라는 이름에서 받은 뭔가 이지적이고 고상한 이미지가 버즘나무가 되는 순간 지저분하거나 변변치 못한 이미지로 완전히 변해 버린다는 것이다. 같은 나무를 두고 이름 하나로 인해 이렇게 다른 느낌을 받게 되니 이름이라는 것이 얼마나 중요한 것인지를 새삼 느끼게 된다.

내가 대학을 졸업할 즈음 각 대학의 학과 이름을 바꾸는 것이

유행처럼 번졌었다. 내가 다닌 학과 이름도 임학과에서 산림자원학과로 바뀌었다. 축산학과는 동물자원학과, 잠사학과는 천연섬유학과 등으로 개명을 했다. 신기하게도 이렇게 이름을 바꾼 이후 학과에 대한 이미지가 개선되고 입시생들에게 선호도가 더 높아졌다는 얘기를 들었다. 소위 대학 입시에서 합격권에 들 수 있는 점수 커트라인이 올라간다는 것이었다. 대학이나 학과 입장에서는 더 우수한 학생들을 받을 수 있으니 호적 변경의 덕을 톡톡히 본 것이다.

플라타너스에 어울리는 이름은?

사회에 나와 경영컨설팅이란 일을 하다 보니 이름이 그냥 이름이 아님을 알게 되었다. '브랜드(Brand)'라는 용어를 알고 이해하게 된 것이다. '이름'을 경영에 대입하자면 '브랜드'라는 용어에 가장 가깝지 않을까 싶다. 브랜드라는 말은 너무나 익숙해서 따로 설명을 할 필요도 없겠으나 그래도 조금은 체계적으로 정의를 하고 넘어가는 것도 좋을 것 같다. 브랜드는 어떤 경제적인 생산자를 구별하는 지각된 이미지와 경험의 집합이며, 보다 좁게는 어떤 상품이나 회사를 나타내는 상표·표지이다. 위키백과의 정의다. 브랜드에는 숫자, 글자, 글자체, 간략화된 이미지인 로고, 색상, 구호가 모두 포함된다. 특히 기업이 가지는 무형자산으로, 소비자와 시장에서 그 기업을 나타내는 가치를 표현한다. 따라서 마케팅, 광고, 홍보, 제품디자인 등에 직접 사용되고 문화나 경제에 있어 현대 소비사회를 나타내는 중요한 요소이기도 하다.

다시 플라타너스 이야기로 돌아가 보자. 플라타너스와 버즘나무라는 두 가지 이름에서 얻게 되는 한 사물에 대한 이미지 형성의 차이가 어떠한가? 플라타너스의 이름에서 브랜드의 중요성을 다시 한번 느꼈으면 하는 마음이라면 너무 과장이 심한 것일까?

멀리 보는 브랜드 전략

직업이 컨설팅이다 보니 많은 기업을 다녀 보게 된다. 실제 경영자와 대화를 나누거나 브랜드 전략에 대해 설명을 들어 보면 브랜드에 대한 중요성을 다들 잘 알고 있다. 그러나 실제 브랜드를 정하는 데 있어서는 의외로 매우 주먹구구식 접근을 하는 경우를 많이 보게 된다. 특히 오너나 최고경영자의 소위 '감(感)'에 의해 브랜드 전략이 뒤집히는 일이 비일비재하다. 이렇게 해서는 브랜드가 오랜 세월 소비자의 인식 속에 자리하며 선택의 우선순위가 되는 데 한계가 있을 수 있다. 물론 사업을 일으키신 분들의 경험은 분명히 높이 사야 하겠으나 급격하게 변화하는 최근 소비자의 트렌드에 대응하기 위해서, 아니, 트렌드를 선도하기 위해서는 보다 과학적이고 체계적인 브랜드 관리 체계를 확립할 필요가 있다.

내가 몸담고 있는 회사에서는 K-BPI(Korea Brand Power Index)라는 지수를 매년 조사하여 발표하고 있다. 1997년부터 시행해 왔으니 그간 우리나라에서 태어나 성장하고 소멸한 수많은 브랜드들의 생애를 확인할 수 있는 데이터로 축적되어 있다. 이 데이터를 당시 경기 흐름과 비교하면 어떤 상황에서 어떤 제품이나 브랜드들이 소비자로부터 더 사랑을 받았는지도 확인 가능한 소중한 자료로 활용되고 있기도 하다. 경영자들은 이러한 브랜드 평가자료를 토대로 자사의 브랜드가 소비자들과 어떻게 동고동락하고 있는지를 수시로 확인하고 그에 따라 브랜드의 생명력을 높일 수 있는 방안을 고민할 필요가 있다. 호랑이는 죽어서 가죽을 남기고 사람은 죽어서 이름을 남긴다고 하지 않았던가. 기업은 브랜드를 만들고 그 브랜드가 오래 소비자의 머릿속에 남아 있어야 고객으로부터 선택을 받고 지속 성장을 담보할 수 있을 것이다.

최근에는 브랜드 자산이라고 하여 브랜드 자체를 가치로 평가하기도 하고, 기업 인수합병에 있어서도 브랜드에 대한 인정 비중이 매우 높아지고 있다. 특히, 새로 사업을 일으켜서 성장하는 기업들은 기술개발 못지않게 브랜드에 대한 인식을 새롭게 할 필요가 있다. 브랜드에 대해 보다 신중한 접근이 필요하고 사업이 일정 궤도에 올랐을 때 기술과 브랜드가 시너지를 이룰 수 있도록 철저히 준비하는 것도 필요할 것이다.

한번 각인된 브랜드 이미지는 쉽게 바뀌지 않는다. 심리학에서 말하는 낙인효과라고 하는 것 때문이다. 처음부터 좀 더 멀리 바라보면서 브랜드 전략을 고민해야 하는 이유다.

건국대학교 김해룡 교수는 《브랜드는 라이프다》에서 이렇게 말했다.

"브랜드는 소비자 라이프다. 한마디로 브랜드를 통해 소비자들은 개성을 소비한다. 또한 소비자들은 브랜드를 통해 행복한 라이프를 살아가고 있다."

플라타너스라는 매력적인 이름이 행복감과 감성을 자극하는 것처럼 기업이 브랜드를 통해 고객을 만족시키고 행복감을 제공할 수 있다면 성공한 기업이 아닐까.

자작나무,
아이덴티티란 이런 것

한번 보면 잊히지 않는 나무

고객과 한번 관계를 맺는 것도 중요하지만 계속 그 관계를 이어 가는 것 역시 무엇보다 중요하다. 기업이 고객과 지속적으로 관계를 형성하기 위해서는 기업 내부의 모든 프로세스를 '고객 중심'으로 정렬해야 한다. 그리고 그 정렬은 고객이 인지할 수 있는 독특한 '아이덴티티(Identity)'로 고객의 기억 속에 남겨질 수 있어야 한다.

요즘도 이렇게 하는 사람들이 있을지 모르겠지만 내가 학교를 다니던 시절만 하더라도 나뭇잎을 책갈피 속에 끼워서 말려 두었다가 연애편지를 쓸 때 하나씩 끼워 보내는 사람들이 꽤 많았다. 보통 이때 많이 쓰는 나뭇잎이 은행나무와 단풍나무 잎이었다. 모양이 독특한 데다 노랑과 빨강으로 물드는 색깔도 예쁘기 때문이다. 다시 말해 나뭇잎의 모양에 독특한 '아이덴티티'가 있다고 하겠다. 그런데, 나뭇잎이 아닌 나무껍질을 이렇게 활용할 수 있는 나무가 있다. 껍질을 잘 말려서 그냥 편지에 끼워 넣어도 멋스럽고 말린 껍질에 가지런히 편지를 써도 아주 품격 있는 나무가 있다. 바로 자작나무다. 자작나무 껍질은 가로 방향으로 마치 종이와 같이 넓게 잘 벗겨진다. 조금만 주의를 기울여서 나무껍질을 벗겨 내면 꽤 널찍한 크기로 벗겨 낼 수가 있다. 그래서 아주 옛날 종이가 만들어지기 전에는 자작나무 껍질을 종이 대신 사용했다고 한다. 내가 아내와 연애하던 시절, 실습차 산에 갔다가 구해 온 자작나무 껍질을 잘 말려 두었다가 그 위에 편지를 써서 보낸 적이 있었다. 아내가 꽤나 감동했음은 물론이다.

자작나무 껍질은 색깔이 매우 희고 은빛이 나서 자작나무 군락을 멀리서 보면 백옥같이 희고 빛나는 아름다운 풍경을 볼 수 있다. 강원도 인제군 원대리에 유명한 자작나무 군락이 있다. 멀리서만 봐도 밀가루를 발라 놓은 듯 하얀 나무줄기가 빼곡히 들어차 있는 모습이 장관이다. 더위가 물러간 가을 날씨에 걷기 좋은 곳이니 가족과 함께 찾아보는 것도 좋으리라.

영화 〈레 미제라블〉의 장면 중 코제트가 있던 숲속에서 캄캄한 밤에 겨우 스며드는 달빛에도 빛나게 보이는 나무가 자작나무라고 한다. 빠르게 스쳐 지나가지만 아는 사람에게는 보이는 장면이다.

자작나무는 핀란드의 국가 나무이다. 우리나라 사람들의 생활 속에 소나무가 깊이 스며 있듯이 자작나무는 핀란드 사람들의 감성, 일상생활, 풍습에 깊이 자리하고 있다. 사우나를 할 때 자작나무를 묶은 다발로 등을 두드리면 나무의 좋은 성분이 몸을 소생시킨다고 믿는다. 고로쇠나무나 단풍나무와 같이 자작나무에서도 수액을 얻어 마시고 시럽을 만들어 먹기도 한다. 또 껍질에 기름기가 많고 잘 찢어지지 않아 집을 지을 때는 지붕을 엮는 데도 쓰이고, 핀란드나 스웨덴에서는 배를 만들 때 많이 사용되었다고 한다.

무엇보다 자작나무는 한번 눈길을 주면, 그 아름다움에 자꾸만 눈이 가게 되고, 결국 사랑에 빠지게 된다. 그런데 자작나무를 제대로 아는 사람은 이른 봄 나오는 자작나무의 밝은 연둣빛 잎을 좋아한다. 지상 최고의 연둣빛이라고 한다. 그러니 어쩌다 우연히 자작나무를 만나게 되면 그 나무의 매력에 빠져들지 않을 수가 없는 것이다. 단 한 번의 접촉이 지속 관계의 출발점이 되는 것이다.

고객에게 자작나무 같은 기업이 되려면

자작나무처럼, 한번 기억 속에 자리한 후 그 기억이 계속 이어지게 하려면 독특한 매력이 있어야 한다. 이는 기업들이 고객과 관계를 맺는 데 있어 큰 바람이기도 하다. 끊임없이 쏟아져 나오는 경쟁 기업, 경쟁 제품들의 홍수 속에서 기업은 늘 자사만의 차별성을 고객에게 어필하고 고객의 기억 속에 한자리를 차지하고 싶어 한다.

하지만 한 조사에 따르면, '귀사의 제품이나 서비스가 고객에게 차별적으로 전달되고 있는가?'라는 질문에 기업 경영자의 약 85퍼센트가 '그렇다'고 답했지만, 같은 질문을 고객에게 물어보니 겨우 15퍼센트 정도만 그렇게 생각하는 것으로 나타났다. 기업의 내부 직원들이 생각하는 자신들의 제품이나 서비스에 대한 인식과 고객이 그 기업의 제품이나 서비스를 생각하는 인식의 차이, 즉 상호 관계에 대한 갭(Gap)이 매우 크다는 얘기다. 기업이 고객을 너무나 심각하게 짝사랑하고 있는 모양새다.

기업이 경영을 통해 성공하는 것은 매우 단순한 논리의 흐름에 의해서다. 기업의 제품이나 서비스가 고객을 만족시키고, 만족한 고객이 계속해 이용하면서 구매를 늘려 나가고, 주변의 지인들에게 추천함으로써 경영성과는 계속 높아지게 된다. 그 단순한 선순환의 고리를 완성시켜 주는 것이 '고객만족'이다. 이를 실현하기 위해 필요한 것이 바로 자작나무와 같이 고객에게 특별한 매력을 발산하는 것이다. 이를 '아이덴티티'라고 할 수 있다.

따라 하느냐, 선구자가 되느냐

이를 위해서는 기업의 모든 프로세스를 '고객 중심'으로 정렬하는 경영, 즉 기업의 모든 의사결정에 고객을 가장 우선으로 두는 경영이 필요하다. 종종 기업의 경영자나 고위관리자와 얘기를 나눠 보면, 고객만족이라는 것을 단순히 고객의 불만이나 요구사항을 해결해 주는 활동으로 잘못 이해하고 있음을 볼 수 있다. 물론 이 역시 중요한 일이지만, 이를 고객만족경영의 전체로 취급하는 것은 매우 잘못된 인식이다. 고객의 불만이나 요구사항을 해소시키는 것은 가장 기초적인 일이다. 더 중요한 것은 기업의 전략부터 프로세스, 시스템, 인적 자원 개발, 평가와 피드백 등 일련의 활동들이 고객을 향해 한 방향으로 잘 정렬되어 있어야 한다는 것이다. 그것이 진정한 의미의 고객만족경영이라고 할 수 있다. 더욱이 일회성이 아닌 지속성을 가진 고객만족경영이 실현되어야만 그 효과도 담보된다 하겠다.

이러한 고객만족과 관련된 사례나 명언들은 일일이 나열하지 못할 만큼 수도 없이 많다. 그중 고객만족을 생각할 때 가장 먼저 떠오르는 명언은 역시 아마존 창업자 제프 베이조스의 말이다.

"경쟁자만 바라본다면 그가 무언가 새로운 것을 할 때까지 기다려야 한다. 고객에 집중하면 선구자가 될 것이다."

그리고 제프 베이조스는 말로 그치지 않았다. 경쟁사가 아닌 고객에 집중하며 끊임없이 새로운 것을 개발하면서 선구자로 우뚝 섰다. 아마존 고, 아마존 프라임 서비스, 아마존 4스타, 아마존 웹 서비스(AWS) 등 일일이 언급하기도 버거운 혁신 사례들을 만들고 있는 것이다. 이제 아마존의 아이덴티티는 사업 초기에 구축한 세계 최초, 최대의 온라인 서점이 아니라 '고객을 위한 최고의 혁신기업'이 되어 있다. 전략부터 실행까지 '고객'을 생각하는 정렬이 되어 있기 때문에 가능한 일일 것이다.

차별화시켜 주는 그 무엇

이렇게 모든 프로세스를 '고객 중심'으로 정렬해 고객만족을 위한 토대를 마련했다면, 그다음 할 일은 우리 기업만의 차별화된 '아이덴티티'를 구축하는 것이다. 아이덴티티란 사전적으로는 '신원, 신분, 정체, 독자성' 또는 '변하지 아니하는 존재의 본질을 깨닫는 성질 또는 그 성질을 가진 독립적 존재'로 정의된다. 경영에 적용하면 기업의 차별화된 고유의 색깔이라 할 수 있다. 아이덴티티는 '기업 아이덴티티', '브랜드 아이덴티티', '웹 아이덴티티' 등 각 분야에서 사용된다.

내가 몸담고 있는 회사에서는 2004년부터 '서비스 아이덴티티'

라고 하여 고객만족을 위한 그 기업의 독특한 차별성이 필요함을 강조해 왔다. 여기서 '서비스'란 기업이 가진 제품과 그 제품을 전달하는 과정을 포괄하는 의미로 사용했다. 그런데 서비스 아이덴티티에 대해서 기업 담당자들과 얘기를 나눠 보면, 서비스란 단어 때문인지 제조업과 서비스업으로 구분을 지어 '서비스업'에만 국한해서 생각하는 경우가 많다. 또는 제품을 판매한 이후 제공하는 '애프터서비스' 개념으로 한정 지어 이해하기도 한다. 그러나 이는 잘못된 것이다. 다시 말하지만 '서비스 아이덴티티'에서 말하는 '서비스'의 본질적 의미는 기업이 고객에게 제공하는 제품이나 서비스를 모두 포함하는 광의의 개념이다. 그리고 기업의 차별적인 전략에 의해서 형성된 포괄적인 그 기업만의 색깔을 '서비스 아이덴티티'라고 정의했던 것이다.

우리나라의 자동차보험 서비스는 세계적으로도 유사 사례를 찾아보기 어려울 정도로 신속하고 정확하고 친절하다고 평가받는다. 2010년대 초반에 우리나라 대표 자동차보험 기업과 서비스 혁신을 위한 컨설팅 프로젝트를 진행한 적이 있다. 이 기업의 서비스가 어느 순간 사람 중심이 아닌 효율 중심으로 돌아간다는 판단이 있었기 때문이다. 컨설팅 과정에서 사고현장에 함께 출동을 했는데, 사고를 당해 다치거나 걱정하는 사람은 안중에 없이 상대방 차량이 가입된 보험회사 직원과 협상부터 하는 모습을 관찰하게 되었고, 그 상황을 그대로 보고서에 담아 경영진에 보고를 했었다. 큰 충격을 받은 경영진에서 특단의 조치를 지시했고, 이 회사는 '내 일처럼'이라는 서비스 아이덴티티를 만들었다. 모든 고객의 사고처리를 내 가족처럼, 나의 일처럼 하자는 의지를 담은 것이다. 그리고 '내 일처럼'이라는 서비스 아이덴티티에 맞춰 제반 프로세스를 개선하고, 매뉴얼을 다시 만들고, 새로운 매뉴얼에 맞춰 직원들을 교육시켰다. 본래도 탁월한 서비스를 제공하던 기업이지만 '내 일처럼'이라는 '서비스 아이덴티티'가 만들어진 이후 고객에게 더 멋진 경험을 제공하고 경쟁사와 압도적인 격차를 유지하게 되었던 유쾌한 기억이 있다.

기업에 생명력을 불어넣는 아이덴티티

김민식의 《나무의 시간》을 보면 아래와 같은 내용이 나온다. 자작나무에 대해 다른 곳에서는 볼 수 없었던 내용이라 조금 길게 인용하며 공유해 보고자 한다.

1970년대 초 우리나라 역사학계에 큰 사건이 하나 있었다고 한다. 신라의 수도였던 경주의 고분 발굴 과정에서 나무껍질 위에 그려진 독특한 그림을 발견했다. 〈천마도〉였다. 말이 하늘을 나는 모습을 그린 그림이다. 큰 사건이 될 수 있었던 이유는 이 〈천마도〉가 그려진 바탕 재료가 자작나무 껍질이었기 때문이다. 왜 그럴까?

자작나무는 경주 지방에는 자라지 않는 북녘의 나무다. 이는 곧 신라의 문화, 한반도 민족 이동이 북방에서 비롯된 뚜렷한 증거라는 것이다. 자작나무 하나가 민족의 기원을 연구하는 데 활력을 불어넣은 것이다.

핀란드는 어떠한가? 한때 세계 휴대폰 시장을 점령했던 기업이 노키아다. 노키아는 핀란드를 대표하는 기업이었다. 사실 노키아의 기원이 자작나무를 원료로 펄프를 생산하던 기업이었음을 아는 사람은 많지 않을 것이다. 그 노키아가 있는 나라 핀란드에서 세계 디자인사에 한 획을 그은 디자이너가 등장한다. 알바 알토(Alvar Aalto). 무명의 젊은 디자이너였던 알바 알토는 자기 나라에 지천으로 있던 자작나무를 재료로 이용했다. 주변에서 흔히 자라는 자작나무의 경제성을 높여 보고자 나무를 열처리하여 곡면을 살린 'No. 41', 'No. 31'이라는 의자를 제작한 것이다. 1930년대 최초 제작된 그 의자는 20세기 현대 건축의 아버지로 불리는 세계적인 건축가 르 코르뷔지에를 매료시켰고, 지금까지도 20세기 대표 디자인으로 손꼽히며 팔리고 있다. 알바 알토는 훗날 핀란드 지폐에도 등장하게 된 핀란드의 국민 건축가가 되었다. 그는 핀란드 산업계에 생명력을 불어넣었다.

톨스토이의 소설 《부활》에는 '빛나는 들판'이 등장한다. 그 '빛나는 들판'은 자작나무 숲이라고 해석한다. 빛이 날 만큼 흰 자작나무 껍질의 아이덴티티는 소설 속에서, 영화 속에서, 산업 속에서, 그리고 역사 속에서 생명력을 불어넣고 있다.

그렇다. 아이덴티티는 생명력을 불어넣어 주는 것이다. 아이덴티티의 또 다른 사전적 정의로, 에릭슨의 자아심리학이나 올포트의 인격심리학에서는 이렇게 말한다.

"타인과 구별되는 한 개인으로서 현재의 자신은 언제나 과거의 자신과 같으며 미래의 자신과도 이어진다."

'현재의 자신'이 '과거의 자신', '미래의 자신'과 이어진다는 것은 무엇을 말하는가? 곧 생명력이다. 자작나무가 들려주는 아이덴티티의 중요성을 다시 새겨 볼 만하지 않은가.

규율을 바로 세우는
엄나무

가시가 있어 무서운 나무

예로부터 집안에는 엄한 사람이 있어야 한다고들 말한다. 그래야 가풍이 바로 서고 질서가 잡히기 때문일 것이다. 산에 있는 나무 중에서도 엄한 나무가 있다. 바로 엄나무이다.

엄나무는 줄기에 큰 가시를 달고 있다. 가시가 달린 나무가 더러 있지만 엄나무처럼 큰 가시를 가진 나무를 나는 본 적이 없다. 마치 어릴 때 보았던 동화책 속의 도깨비 방망이에 돋아난 가시 모양 같다. 그래서인지 엄나무는 왠지 무서워 보이기도 하고 엄격해 보이기도 한다. 아마 그래서 이름도 엄나무로 붙여지지 않았나 싶다.

엄나무의 이름은 발음의 차이 때문인지 음나무로도 쓴다. 러시아에서는 '숲속의 장미'로 부른단다. 장미에 가시가 있듯이 엄나무에도 가시가 있어 붙여진 이름일 터. 그래도 가시만 있다고 그런 이름이 붙지는 않았을 것 같다. 장미처럼 아름답다는 생각을 했으니 '숲속의 장미'라고 하지 않았을까. 엄나무의 잎은 화분에 많이 심는 팔손이 잎과 매우 닮았고 크기도 상당히 큰 편이다.

엄나무는 두릅나뭇과에 속하는 식물인지라 두릅처럼 어린 새순을 따서 나물로 먹을 수 있다. 흔히 시골에서는 개두릅나무라고 부르기도 하는 모양이다. 나물로 먹을 수 있는 연하고 맛있는 잎을 지녔기에 동물들의 먹잇감으로 좋은 목표가 되었을 것이다. 그러니 잎을 뜯어 먹는 동물로부터 방어하기 위해 가지에 가시를 많이 달게 되었을 터이다. 엄나무가 늙어 가면 가시가 없어지는 것은 아마도 이런 목적이 다 달성되었기 때문이 아닐까 짐작하고 있다.

역설적으로 가시가 있다는 것은 아직 방어 능력이 떨어지기 때문일 수도 있다. 방어 능력이 충분하거나 공격을 당해도 끄떡없을 정도로 굳건하다면 그런 가시는 굳이 필요 없게 되는 것이다. 홍익대학교 유현준 교수의 저서 《어디서 살 것인가》를 보면 고대부터 현대까지 대규모 건축물을 지은 이유를 설명하는 대목이 있다. 무거운 건축물을 지어 자신의 권력을 과시하는 데는 자신에게 도전하려는 남들의 의지를 꺾기 위한 목적이 있다는 것이다. 무거운 건축을 하는 것은 '생존'을 위한 과시다. 그리고 과시는 '불안한 자'들이 한다고 했다. 불안한 자들의 심리가 '과시'로 나타난다는 것이다.

강아지도 덩치가 작은 강아지들이 더 짖어 대는 경향이 있다. 자신이 약하기 때문에 처음부터 위험 요소를 가까이 두지 않으려는 몸부림이 일종의 '과시'로 나타나는 것이려니 생각하게 된다. 어린 엄나무도 불안하기에 생존을 위한 과시로 몸에 수많은 가시를 달지 않았을까? 늙고 오래되면 이제 더 이상 생존을 위한 과시의 필요성을 못 느끼기에 가시가 사라지는 것은 아닐까? 나무의 한살이를 보면서 힘의 이동에 대해 생각해 보게 된다.

지켜 주는 나무

일반인 중에는 엄나무를 봤다고 하는 사람을 많이 만나지 못했다. 보통 엄나무는 무리를 지어서 자라지 않는다. 뜬금없이 나타나는 산신령 같은 나무랄까. 당연히 눈에 잘 띄지 않는다. 나무든 다른 사물이든 무리 지어 있어야 눈에 잘 띄는 법이다. 이제부터라도 산에 갈 일이 있으면 주위를 유심히 살펴보라. 팔손이 모양 큰 잎에 나무줄기에 큰 가시가 돋아난 나무가 있다면 십중팔구 엄나무임에 틀림이 없다.

엄나무의 목재는 가벼워서 나막신을 만드는 데 많이 이용되었다고 한다. 가구재, 조각재, 악기재 등으로도 많이 쓰이나 오동나무와 함께 나막신의 귀중한 재료가 되었다. 한방에서는 엄나무가 관절염, 종기, 암, 피부병 등 염증질환에 탁월한 효과가 있고 신경통에 잘 들으며 만성간염 같은 간장질환에도 효능이 있다고 하며, 닭의 단백질과 잘 어울린다고 하여 민간에서는 삼계탕을 끓일 때 넣기도 한다. 시중에 엄닭이라고 하여 여름이면 꽤 인기 있는 보양 음식으로 통하고 있다.

꼭 믿을 수 있는 것은 아니지만 전통 풍습에 엄나무는 무서운 가시 때문에 귀신을 막아 준다고 믿어 안방 문설주 위쪽에 가시투성이 가지를 잘라서 걸어 두기도 했다. 집안을 지켜 내는 수호신 역할까지 해 주었으니 여러모로 쓸모가 많은 나무였던 것 같다. 건강도 지키고 귀신으로부터도 지켜 주니 엄나무는 이래저래 지킴에 어울리는 나무로 생각해도 되지 않을까.

조직의 체계와 규율이 바로 서야

집이건 회사건 어느 사회에서나 일을 도모하기 위해서는 일정한 조직 체계와 규율, 규칙이 필요하다. 그런 것들을 통칭해서 최근에 거버넌스(Governance)라는 표현이 많이 쓰이고 있다. 거버넌스란 무엇인가? 사전을 찾아보면 다소 어려운 정의가 나온다. 한글로 번역할 때는 '국가 경영, 공공 경영'이라고 해석하는데, 요즘 사용되는 의미와는 다소 거리가 있다. 아무튼 거버넌스란 '지역사회에서부터 국제사회에 이르기까지 여러 공공조직에 의한 행정서비스 공급 체계의 복합적 기능에 중점을 두는 포괄적인 개념'으로 파악된다. '통치·지배'라는 의미보다는 '경영'의 뉘앙스를 좀 더 가지는 용어라 할 수 있다. 특히 IT 분야에서 거버넌스라는 용어를 많이 쓰기도 한다.

어느 경우이든 거버넌스에는 크게 세 가지 요소가 필요하다고 한다. 조직의 프로세스 확립, 인식의 변화, 그리고 역할과 책임의 명확화가 그것이다. 당연히 경영하는 데 있어 매우 중요한 요소들이다. 특히, 최근처럼 기업의 많은 공정이 상호작용을 하는 프로세스로 연결된 상황에서 각 프로세스에 대해 명확히 정의하고 그에 따른 역할과 책임을 확립하지 않고서는 효율적인 경영을 기대하기는 어려울 것이다. 그래서 기업에서 프로세스 혁신을 추진할 때 더더욱 거버넌스를 강조하게 되는지도 모르겠다.

《대학(大學)》에 '수신제가 치국평천하(修身齊家 治國平天下)'라는 유명한 문장이 있다. 스스로 몸을 다스리고 집안을 다스린 이후에라야 나라를 통치하고 천하를 태평하게 할 수 있다는 말이다. 요즘 말로 하면 거버넌스가 잘 확립되어 있어야 가정이건 기업이건 잘 다스려질 수 있다는 의미로 해석할 수 있는 대목이다.

특히, 최근에는 조직 내에 다양성이 매우 높아지고 있다. 세대의 다양성, 글로벌화에 따른 출신지역의 다양성은 물론이고 장애를 가진 직원, 성적 소수자인 직원까지 포함되기도 한다. 이런 다양성은 조직 내에서 어떤 장점과 단점을 보일 수 있나? 다양성에 기반을 둔 창의성이 발현된다면 조직의 잠재력이 극대화될 수 있다. 그러나 다양성이 갈등으로 이어진다면 큰 어려움을 겪을 수도 있다. 따라서 공통의 언어와 규칙, 규율에 따라 상호 간에 적극적인 소통이 필요하다.

물론 너무 엄격하기만 한 규율은 조직을 경직되게 만들 수도 있겠지만 어느 정도의 합리적인 부담감을 줄 수 있는 규율이나 원칙은 반드시 필요하다. 세계적인 경영 구루 중 한 명인 짐 콜린스는 《좋은 기업을 넘어 위대한 기업으로》에서 '광적인 규율(Fanatic Discipline)'을 매우 강조하고 있다. 규율을 잃어버리고 혁신만 하면 매우 위험하다는 것이다. 일관된 규율 속에서 뚜벅뚜벅 가야 성공한다고 강조했다.

거버넌스가 있어야 다양성이 더 빛난다

수년 전 어느 대기업에 인사제도에 대한 평가를 하러 갔었다. 지금은 전기자동차 배터리로 세계 시장을 석권하고 있는 기업이다. 당시 인사를 총괄하는 부사장께서 재미난 자료를 하나 전해 주었다. 자료에는 소위 신세대 직장인의 사고방식을 풍자하는 문구들이 약 40개 정도 적혀 있었다. 깊이 새길 일은 아니나 지루함도

달랠 겸 기억에 남는 몇 가지만 소개해 보겠다.

"일찍 일어나는 새가 피곤하다."

"티끌 모아 봐야 티끌이다."

"일찍 일어나는 벌레가 잡아먹힌다."

어떤가?

얼마 전 어느 TV 프로그램에서 이효리가 지나가던 꼬마에게 했던 말이 꽤 큰 관심을 끌었었다. 내용은 이러했다.

"(강호동) 어떤 사람이 될 거예요? 어른이 되면?"

"(이경규) 훌륭한 사람이 되어야지!"

"(이효리) 뭘 훌륭한 사람이 돼. (하고 싶은 대로) 그냥 아무나 돼!"

2018년, 《90년생이 온다》라는 책이 공전의 대히트를 쳤다. 이후 '밀레니얼 세대', 'MZ세대'와 관련하여 엄청난 책과 칼럼들이 쏟아졌다. 성균관대학교 최재붕 교수의 《포노 사피엔스》는 또 어떤가. 최재붕 교수는 강연에서 '포노 사피엔스'족들은 기성세대와는 생각이 완전히 다른 신인류라고 했다. 아주 간단한 예로 택시를 부를 때 기성세대는 전화를 걸지만 포노 사피엔스들은 손가락을 움직여 앱을 연다.

내용이 살짝 벗어났는지 모르겠다. 다소 장황하게 설명했고 앞의 그 기업 사례처럼 다소 과장된 표현이 포함되었지만, 이렇게 사고방식에 차이가 많이 나는 직원들이 한 공간에서 일을 하고 있는 것이 우리나라의 일반적인 사무실 모습이다. 지금 한국의 기업 사무실에는 3세대가 함께 일한다고 한다. 상호 의사소통에 어려움이 많을 것임을 쉽게 짐작할 수 있다.

나 또한 관리자로서 구성원들과의 의사소통이 여간 어려운 게 아니다. 최근 '3요'라는 말이 소위 오피스가(街)를 휩쓸었다. '3요'는 '이걸요?', '왜요?', '제가요?'의 세 가지를 뜻한다. MZ세대들에게 업무를 지시하면 이런 반응이 돌아온다는 것이다. '너 T지?', '너 T야?'는 또 어떤가. 성격 유형을 진단하는 방법인 MBTI에서 진실과 사실을 중요하게 생각하는 유형이 'T', 사람과 관계를 중요하게 생각하는 유형이 'F'인데, 평소 공감능력이 좀 부족한 사람에게 '너 T야?'라고 말하는 것이다. 이처럼 하루가 멀다 하고 쏟아지는 신조어에 머리가 혼미해질 지경이다.

따라서 이런 생각의 차이, 행동의 차이를 조정하고 모든 구성원들을 한 방향으로 이끌어 줄 원칙, 규율이 더욱 중요해지는 것이다. 이것을 거버넌스라고 부를 수 있지 않을까.

그래서 거버넌스는 조직이 추구하는 업의 본질을 잘 뒷받침하면서 구성원들로부터도 지지를 받을 수 있어야 한다. 그런 거버넌스를 가진 조직이라면 마치 주춧돌이 잘 다져진 건물처럼 웬만한 외풍에도 단단히 그 자리를 지켜 낼 수 있을 것이다.

최근 업무적으로 많은 스타트업 창업자를 만나고 있다. 인터뷰 중에 공통적인 질문으로 조직문화를 묻게 된다. 스타트업 창업자

대부분이 "아직은 규모가 작아서 특별히 조직문화라고 말할 만한 것이 없습니다."라는 답변을 많이 한다. 현실적으로 맞는 말이다. 그러나 엄나무가 어릴 때 가시를 세워 엄격한 규율을 만들 듯 조직도 초기에 그 조직만의 거버넌스가 확립되어야 한다. 물론 나이 든 엄나무가 가시를 내려놓는 것처럼 거버넌스 역시 조직의 성장에 맞춰 변경될 수 있다. 아니, 당연히 변경되어야 한다. 그래야 발전한다.

말과 행동이 너무 가벼워진 요즘 세상이다. 소셜네트워크 속에서 이해할 수 없는 말들이 난무한다. 그런 환경에 기업이 노출되어 있는 것이다. 따라서 이럴 때일수록 조직을 하나로 묶어 주는 거버넌스를 어떻게 확립할 것인지에 더 관심을 가지면 좋겠다는 생각을 해 본다. 단단한 가시가 달린 엄나무 가지를 우리 기업의 출입문 문설주 위에 매달아 두면 어떨까? 물론 마음속으로 말이다.

벽오동나무처럼
소비자 마음에 울림을 줘야

벽오동나무 숲에는 봉황이 산다

벽오동(碧梧桐)이라는 나무 이름을 들어 본 사람들이 얼마나 있을까? 벽오동나무는 오동나무와 거의 비슷하게 생겼는데, 나무 기둥 부분의 수피(樹皮)가 푸른 비취색을 띠고 있다. 그래서 '벽(碧)' 오동이라는 이름이 붙었다. 일반적으로 많이 알려진 오동나무와는 다른 종류의 나무다. 자세히 알 필요는 없겠으나 족보를 좀 따지자면 오동나무는 현삼과에 속하고, 벽오동나무는 아욱과에 속하는 나무다. 집안은 다르다는 뜻이다. 다만 생김새는 비슷해서 이름이 비슷하게 붙었고 목재의 성질도 거의 비슷한 것으로 알려져 있다.

보통 오동나무의 목재 쓰임새로 가장 많이 알려져 있는 것이 악기의 재료가 된다는 것이다. 목재가 통처럼 되어 있어 소리가 맑고 울림이 좋다고 한다. 오동나무를 나타내는 한자 '동(桐)'은 '나무 목(木)' 자와 '한 가지 동(同)' 자로 구성된다. 오동나무 속이 비어서 통처럼 되어 있다는 뜻이란다. 나무의 특징을 잘 담은 이름이라 하겠다. 오동나무와 비슷한 쓰임이지만 특히 벽오동나무는 거문고나 비파를 만드는 데 많이 쓰인다고 한다. '사동(絲桐)'이라 하면 벽오동나무로 만든 거문고를 뜻한다.

우연의 일치일지 몰라도 '푸를 벽(碧)' 자가 들어가면 뭔가 좀 신비로운 느낌이 든다. 벽란도라는 항구는 고려 시대 서양인들이 드나들었던 항구인데 푸른 눈의 서양인들 모습이 얼마나 신비로웠겠는가. 그런 서양인들의 눈을 벽안(碧眼)이라고도 부르니 잘 어울리는 이름인 것 같다. 그래서일까? 벽오동나무 숲에는 봉황이 산다는 전설이 있다. 백 년에 한 번 열리는 대나무 열매를 먹고 사는 전설의 새 봉황이 집을 짓고 사는 나무이니 얼마나 신비로운가. 사람들이 지어낸 이야기이고 믿음이겠지만 그만큼 벽오동나무를 높이 쳐주는 것 같다. 선비들의 공간인 서원이나 향교에 벽오동나무를 많이 심고 가꾼 것도 같은 맥락이었으리라.

1990년대 초반 서울대학교 농과대학이 관악캠퍼스로 이전하기 전, 수원캠퍼스의 임학과 건물 앞 잔디밭에는 벽오동나무가 있었다. 신비로울 정도로 푸른빛을 띠는 벽오동나무의 수피는 한여름에도 시원함을 느끼게 해 주었다. 무엇보다 기억에 남는 것은 과 동기 한 명이 벽오동 열매가 익을 때면 꼭 그 열매를 따서 주머니에 넣고 다니면서 오물거리며 먹곤 했던 모습이다. 열매는 바깥 껍질이 얇고 그 안에 씨젖이 들어 있다. 이 씨젖을 오동자(梧桐子)라 한다. 참고로 한자의 '자(子)'가 들어가면 열매 또는 씨앗을 뜻한다. 오자차(五子茶)라고 있는데 여기 들어가는 다섯 가지 '자'에 해당하는 구기자, 오미자, 사상자, 토사자, 복분자를 예로 들 수 있다.

오동자는 보통 구워 먹으면 고소한 맛이 난다고 한다. 열매를 구워 먹었는지는 모르겠으나 열매 안에는 카페인도 함유되어 있다고 하니 졸음을 달래기 위해 먹었는지도 모를 일이다. 그 동기는 지금 전북 진안으로 귀촌을 했다. 오랜 직장생활에 몸과 마음이 많이 지쳤던 모양이다. 그곳에서도 벽오동나무를 길러서 열매를 어린아이마냥 따 먹고 살기를 바란다.

마인드 셰어(Mind Share), 고객의 기억을 점유하라

〰〰〰

아무튼 사실상 나의 기억 속에는 그 나무가 거의 유일하게 실제로 본 벽오동나무인 것 같다. 다른 곳에서는 벽오동나무를 본 기억이 없다. 그런 벽오동나무가 이리도 기억에 깊이 자리하는 이유는 뭘까? 아마도 그 강렬한 인상 때문일 터이다. 기업의 인상 역시 고객에게 강하게 어필이 되어야 한다. 대상이 제품이건 서비스건 고객의 머릿속을 확실히 점유하지 못하면 그 기업은 오래갈 수 없다.

마케팅 프로젝트를 위해 소셜빅데이터(Social Bigdata)를 활용할 일이 있었다. 소셜빅데이터란 인터넷상에 남겨진 다양한 사람들의 흔적을 말한다. 주로 블로그, 페이스북, 트위터 등에 남겨진 텍스트화된 글들이 대표적이다. 이런 사회관계망서비스(SNS)에 남겨둔 글을 수집해서 그 속에서 의미 있는 단서를 찾아내는 작업을 최근 기업들이 많이 하고 있다. 사람들이 자발적으로 남겨 놓은 글들이기 때문에 좀 더 솔직한 내용이 들어 있기도 하고, 타이밍적으로도 실시간에 가깝게 분석할 수 있는 장점이 있다. 과거에 소비자들에게 설문지를 받아서 분석하던 일들은 비용과 시간 측면에서 비효율성이 있었다. 이제 그런 것들이 기술의 발전으로 거의 실시간으로, 더 저렴한 비용으로 가능해진 것이다.

다시 본론으로 돌아와서, 컨설팅 프로젝트 과정에서 직접 확인했던 사례 몇 가지를 공유하고자 한다. 흔히 알려진 즉석밥의 대명사로 햇반이 있다. CJ제일제당에서 만든 히트 상품 중 하나이다. 그런데 소셜빅데이터에서 햇반을 검색했더니 뜻밖에도 CJ제일제당보다도 동원이라는 기업이 더 많이 등장했다. 동원이라는 기업이 햇반과 곁들여 먹을 수 있는 자사의 다양한 반찬을 소셜미디어를 통해 많이 홍보하고 노출했기 때문이었다. 햇반의 홍보와 마케팅을 담당했던 부서가 경영진으로부터 질책을 받았고, 부서 책임자는 당황할 수밖에 없는 상황이었다.

또 다른 기업으로는 청호나이스라는 회사를 검색한 적도 있었다. 청호나이스는 정수기를 만드는 기술력만큼은 국내 최고를 넘어 세계 수준이라는 평가를 얻고 있고, 세계 최초로 얼음 정수기를 개발하기도 했다. 이 기업 역시 얼음 정수기라는 단어로 소셜빅데이터를 검색하면 경쟁사인 코웨이가 먼저, 그리고 더 많이 등장했다. 심지어 심혈을 기울여 개발한 얼음 정수기가 경쟁사인 코웨이 제품으로 인지되는 경우까지 있었다. 소셜미디어에 나타난 표현으로는 '역시 코웨이의 기술이 최고', '코웨이 얼음 정수기 정말 편리하고 좋아' 같은 문장이 나타났다. 기업에서는 참으로 안타까울 수밖에 없는 노릇이었다. 훌륭한 제품이나 서비스를 개발하고도 고객의 마인드를 점유하지 못한 것이다.

진정성 있는 울림을 만들어야

〰〰〰

김기사 내비게이션 플랫폼을 개발해서 카카오에 매각하고 지금은 후배 스타트업 육성을 위한 액셀러레이터 역할을 하는 김기사랩의 박종환 대표를 만났다. '스타트업에 투자할 때 가장 중요하게 보는 것이 무엇이냐?'는 질문에 '팀'이라고 답했다. 보통 스타트업을 만들면 자신들이 가진 '기술'에 너무 초점을 둔다는 것이다. 기술만 좋으면 사업은 될 것이라는 믿음이 강하다고 한다. 그런데 실제 사업을 해 보면 기술보다는 오히려 마케팅이나 홍보가 더 중요한 경우가 많다는 얘기다. 그래서 '팀'을 어떻게 구성하고 있는지, 그 '팀' 속에 마케팅이나 홍보를 제대로 할 수 있는 전문가가 있는지를 함께 본다는 것이다. 일리가 있는 말이다.

기업은 제품이나 서비스를 고객에게 선보이기 위해 엄청난 시간과 돈과 노력을 투자한다. 그런데 그런 노력이 잘못된 마케팅 또는 홍보 전략으로 인해 고객에게 제대로 전달되지 못한다면, 심지어 경쟁사의 것으로 오인된다면 이는 기업으로서 큰 손실이 아닐수 없다. 따라서 최근 기업의 마케팅이나 홍보는 매우 중요한 기능으로 인식되고 있다. 그래서 마케팅이나 홍보 분야에 톡톡 튀는 아이디어를 가진 유능한 인재들이 많이 모여들기도 한다.

스테디셀러로 꽤 오랜 기간 사랑받고 있는 《관점을 디자인하라》라는 책에서 박용후는 차별화된 접근으로 카카오나 배달의민족과 같은 기업을 일약 유명한 스타 기업으로 만들어 낸 사례를 설명하고 있다. 고객에게 어떤 '관점'을 심어 주는가에 따라 마케팅활동의 결과가 완전히 달라진다는 것이다.

시장에는 하루에도 수많은 제품, 서비스들이 쏟아져 나오고 있다. 내가 근무하는 회사에서는 매년 K-BPI(Korea Brand Power Index)를 조사해서 언론에 발표하고 있다. 약 1만 5,000명 내외의 소비자를 대상으로 조사를 하는데, 이 조사를 위해서는 새로 나오거나 없어진 브랜드를 찾아내야 한다. 이 작업에만 상당히 많은 시간이 소요된다. 매년 조사하는 일인데도 불과 1년 사이에 많은 브랜드가 태어나고 소멸하기 때문이다. 이렇게 많이 왔다 가는 제품과 서비스의 홍수 속에서 기업이 자신들의 제품이나 서비스를 고객으로부터 선택받도록 하기 위해서는 조금 더 전략적인 마케팅이나 홍보의 역할을 만들어 내야 한다.

벽오동나무와 오동나무는 악기를 만드는 재료로 더 알려져 있음은 이미 설명하였다. 악기란 무엇인가? 맑은 소리를 만들어 울림을 주는 것이다. 특히 벽오동나무로 만드는 거문고나 비파는 울림이 매우 중요한 악기가 아니던가. 기업에서 마케팅과 홍보가 매우 중요하다고 하였으나 그 이전에 진정한 울림을 만들 수 있는 제품과 서비스를 먼저 개발하고 준비해야 한다. 진정성 있는 제품과 서비스 없이 마케팅과 홍보에만 열을 올린다면 그것은 가짜 소리가 될 수밖에 없다. 아무리 기술이 좋아졌다 해도 전자 악기와 자연 악기의 소리가 다르듯 거짓된 제품과 서비스는 소비자에게 금방 인지되기 마련이다.

비췻빛 나무껍질이라는 본질적 아름다움과 나의 동기를 유혹했던 고소한 열매가 나로 하여금 거의 30년에 가까운 시간이 흐른 지금도 캠퍼스의 벽오동나무를 기억하게 만드는 것과 같은 이치가 아닐까 싶다.

소통의 소중함을 일깨우는 닥나무

닥나무, 문명의 기초

닥나무는 한지를 만드는 재료로 잘 알려져 있다. 우리나라는 예로부터 종이 만드는 기술이 잘 발달해 있었다. 고구려 때 담징이 일본에 종이 만드는 기술을 전했다고 하니 이미 그 이전에 종이를 만들어 썼을 것으로 추정하고 있다.

참고로 한지 만드는 절차를 한번 살펴보자. 11월과 2월 사이에 닥나무의 1년 된 가지를 잘라 모은다. 이 시기의 닥나무가 섬유질이 풍부하고 수분도 많기 때문이다. 모은 닥나무 가지의 껍질을 벗긴다. 이때는 뜨겁게 달군 돌에 물을 부어 증기가 올라오면 거기에 가지를 쪄서 껍질이 연해지게 만든 다음 벗겨 낸다. 벗긴 껍질의 바깥쪽을 흑피(黑皮), 안쪽을 백피(白皮)라 한다. 이 중 백피만 모아

잿물에 소죽 끓이듯이 삶은 후 방망이로 두들겨 찧어 자루 속에 넣고 짜서 닥섬유를 뽑아 낸다. 뽑아 낸 닥섬유를 대나무 발로 떠내서 말리면 한지가 된다. 설명은 간략히 했지만 한지 만드는 과정은 무척이나 고되고 인내가 필요한 과정이라 하겠다. 우리나라에서는 닥나무 섬유를 종이 만드는 데 사용했지만 하와이나 사모아에서는 천을 짜는 데 썼다고 한다.

이렇게 만들어진 한지의 쓰임새는 다양하다. 대표적인 쓰임은 옛날 한옥의 창호지로 사용된 것이었다. 겨울을 맞이하기 전에는 반드시 창호지를 발라야만 찬 겨울바람을 막을 수 있었다. 안방의 바닥 역시 한지가 차지했다. 한지에 콩기름을 먹여서 썼는데, 그런 작업을 '콩댐'이라고 한다. 군영에서는 기름을 먹여 말린 후 천막을 만드는 데도 활용하였다. 기름을 먹인 한지는 강도가 매우 뛰어나 잘 찢어지지 않기 때문에 천막의 재료로서 그만이었던 것이다.

그러나 무엇보다도 가장 중요한 용도는 기록을 남기는 용도가 아닌가 한다. 순백색의 닥종이는 먹물을 잘 머금기 때문에 글씨를 쓰는 데 매우 좋은 것이었고, 이 종이를 통해 사람들은 의사소통을 하였다. 문자가 문명의 발달을 촉진시키는 데 일등 공신이었다면 그중에서도 닥나무는 최고의 공신이 아니었겠는가.

민간에서는 닥나무를 '딱나무'로 부르기도 했다. 그래서 죽을 때 자기 이름을 한 번 부르고 죽는 나무라고 했다. 닥나무 가지를 꺾으면 '딱' 소리를 내며 죽는다고 그런 이름이 붙었다. 한자로는 '저목(楮木)'이라고 부른다. '저(楮)'는 한지를 뜻한다. 조선 시대에 만들어진 종이 화폐를 '저화(楮貨)'라고 부른 것도 그런 연유다.

살짝 벗어난 이야기지만 닥나무는 뽕나뭇과에 속한다. 한 가족이다. 뽕나무, 닥나무, 꾸지나무 같은 뽕나무 가족은 유독 섬유질이 길어 특별히 펄프재로 사용하기에 적합한 나무다. 닥나무와 한 가족인 뽕나무와 관련하여 김민식의 《나무의 시간》을 보면, 극작가 셰익스피어가 말년을 보낸 고향 집에 뽕나무를 심었다고 한다. 글을 쓰는 대문호가 종이 만드는 재료인 뽕나무를 심은 것은 서로에게 끌림이 있었던 것이 아닐까 하는 나만의 상상을 해 보았다. 그러나 사실은 당시 중국에서 밀려드는 비단을 대체하기 위해 일정 면적 이상의 땅을 가진 지주와 저택 소유자에게 뽕나무를 의무적으로 심도록 했기 때문이란다. 사실이 그렇다 하더라도 세상 살면서 반드시 사실이 좋은 것만은 아니다. 때로는 약간의 허구일지라도 기분 좋은 상상을 해 보는 것이 삶을 더 풍요롭게 하는 방편이 될 수도 있다.

경영 인사이트의 원천이 되는 VOC

오늘날 경영에 있어 의사소통은 매우 중요한 것으로 간주되고 있다. 특히, 고객과의 의사소통은 최근에 더욱 중요하게 여겨진다. 고객과의 의사소통을 경영에서는 '고객의 소리(VOC: Voice of Customer)'라고 부른다. 기업이 생존하기 위해서 고객의 존재는 절대적이다. 고객으로부터 선택받지 못하는 기업은 생존할 수 없다. 그런데 이렇게 중요한 고객은 기업의 제품이나 서비스를 이용하는 과정에서 끊임없이 기업에게 뭔가를 요구한다. 이런 요구 속에는 새로운 제품이나 서비스에 대한 욕구가 포함되어 있기도 하고, 제품이나 서비스를 이용하는 과정에서 겪은 불편에 대한 불만이 포함되기도 한다. 때로는 기업에 대한 칭찬이 포함되어 있을 수도 있다. 이렇게 고객이 기업에 요구하는 모든 것들을 '고객의 소리'라고 하는 것이다.

성공하는 기업들의 특징을 살펴보면 고객의 소리를 놓치지 않고 기업 내부로 받아들여 경영 자산으로 잘 활용하고 있다. 과거에는 고객의 소리를 매우 수동적으로 받아들였지만 최근에는 기업이 먼저 나서서 고객의 소리를 찾고 수집하고 있다. 특히, 온라인 매체가 매우 발달하면서 기업들은 소비자들이 인터넷이라는 가상의 세계에서 교환하는 많은 소통의 과정을 추적함으로써 그 속에서 의미 있는 메시지, 즉 인사이트(Insight)를 얻고자 노력하고 있다. 하버드 경영대학원의 탈레스 테이셰이라 교수는 《디커플링》에서 "기업 혁신의 성패는 고객(소비자)이 결정한다."라고 역설했다. 기업 혁신이 성공하려면 고객이 무엇에 관심을 가지는지 정확히 파악하는 것이 매우 중요하다는 것이다.

모바일이 일상생활을 점령함에 따라 최근에는 고객의 소리를 다루어야 할 범위도 매우 넓어졌다. 이미 2013년 공저로 발간한 《VOC 3.0+ : 고객의 소리를 경영하라》에서 나는 고객의 소리를 세 가지로 정의한 바 있다. 첫째, "내가 원하는 것은 이런 것과 저런 것입니다." 하고 고객이 직접 말하는 VOC다. 둘째, 너무나 기본적이어서 고객이 미처 언급하지 않는 VOC도 있다. 일명 '언더 더 VOC(Under the VOC)'다. 꼬치꼬치 말해 주지 않아도 당연히 있어야 하는 것이다. 말하지 않았다고 해서 고객의 목소리가 없는 것은 아니다. 셋째, 정상적인 VOC 위에 존재하는 '오버 더 VOC(Over the VOC)'도 있다. 고객이 미처 알지 못하는 요구사항이다. 눈으로 쉽게 드러나지 않기 때문에 알기 어렵지만 그것을 달성하면 고객은 감동한다. 한 차원 높은 단계의 VOC인 셈이다.

오늘날은 한 차원 높은 단계의 '오버 더 VOC'가 오히려 당연한 것이 되어 있다. 기술의 발달 때문에 가능해진 것이다. SNS 채널에서 다양한 정보를 긁어 올 수 있고, 인터넷상에 남겨진 로그 기록도 있다. 통신 기록, 신용카드 사용 기록 등 일상생활에서 남겨진 정보들도 있다. 이런 것들을 빅데이터라고 부르는데, 이것들 역시 훌륭한 VOC가 된다. 서울대학교 산업공학과 조성준 교수는 "빅데이터는 데이터사이언티스트의 분석을 통해 인사이트로 바뀌고 의사결정자의 액션을 통해 가치로 바뀐다."라고 언급했다.

고객에게 민감해야 한다

~~~~~~~~~~

반대로 고객의 소리를 경시함으로써 회사에 큰 위기를 초래한 사례들도 적지 않다. 조금 오래된 사례이긴 하지만 역사상 가장 충격적인 리콜 사건으로 평가되는 도요타자동차의 브레이크 고장으로 인한 리콜 사태가 있다. 고속도로에서의 사고가 방송을 타면서 공론화되었으나 실상 그보다 훨씬 전부터 이미 인터넷상에서는 도요타자동차의 브레이크에 결함이 있다는 말들이 돌기 시작했지만 회사는 그런 고객의 소리를 등한시했던 것이다. 세계 최고의 자동차 기업이 추락하는 시발점이었다. 다행히 뼈를 깎는 노력으로 다시 위상을 회복하긴 했지만 도요타자동차의 추락은 고객의 소리에 귀를 기울이지 않는 기업이 겪을 수 있는 위기의 모습을 그대로 보여 준 사례라 할 만하다.

미국 유나이티드항공이 겪은 사례도 고객의 소리에 민감하지 않으면 어떤 대가를 치를 수 있는지 잘 보여 준다. 컨트리 가수 데이브 캐럴은 다음 날 공연에 사용할 기타를 수화물로 부쳐야 한다는 안내에 따라 혹시 파손될 경우 수리비를 보상한다는 조건으로 비행기에 탑승했다. 불행하게도 기타는 파손됐고 당장 공연을 해야 했던 그는 공항을 떠났다가 다음 날 보상을 요청했지만 유나이티드항공은 24시간 내에 접수되지 않았다는 이유로 거절했다. 그는 이 사건을 노래로 만들어 발표했다. 노래는 인기를 끌었고

항공사 주가가 10%나 폭락했다. 손실금액은 1억 8,000만 달러에 달했다. 항공사는 망가진 이미지를 회복하고자 데이브 캐럴을 서비스 교육 강연자로 초청을 하고 뮤직비디오는 교육용 비디오로 사용하면서 2편, 3편 제작비용까지 전액 부담하기도 했다. 소 잃고 외양간을 아주 크게 고친 격이다.

국내에서도 한때 석면 가루가 함유된 베이비파우더 사건이 큰 파장을 일으켰는데, 이 사건 역시 실제 공론화되기 훨씬 이전부터 온라인을 통해 문제가 제기되었지만 제조업체들이 무시했다가 큰 위기를 맞았다. 이처럼 흔히 큰 사고가 발생하기까지는 작은 사고 또는 징후가 반드시 있다고 한다. 한 건의 치명적인 사고 이전에는 300건의 작은 징후가 있다고 하는 하인리히 법칙이 바로 그것이다. 인터넷이라는 공간으로 인해 기업들은 과거에 비해 고객의 소리를 통제하기가 더욱 어려워졌다.

기업에 꼭 필요한 감지 능력

애플, 넷플릭스, 아마존 등 글로벌 혁신기업들의 공통적인 특징은 경쟁자의 행동을 관찰하면서 움직이지 않는다는 것이다. 이들은 경쟁자들과 싸우는 것이 아니라 스스로와 싸우고 있다. 20여 년 전, IBM 경영연구소의 전략 담당 임원이었던 스티븐 해켈은 "기업의 운영 모델이 제품을 만들어서 파는 전통적인 모델에서 벗어나 고객의 니즈를 감지하고 즉시 반응하는 모델로 변화해야 한다."라고 주장했다. 감지-반응 모델을 통해 기업 외부의 고객에게 눈을 돌리고 2~3년 앞을 내다보는 시각이 필요하다는 주장이었다. 여기서 '감지 능력'이란 쓸모없는 소음과 의미 있는 신호를 구분하고 외견상으로 소음으로 보이는 신호를 의미로 전환시키는 능력이라고 할 수 있다.

나는 컨설턴트로서 기업의 VOC 시스템을 구축하는 프로젝트를 다수 했다. 그중에는 민간기업도 있고 공공기관도 있다. 꽤 오랜 기간 지금의 직업을 유지하다 보니, 2010년대 초중반에 VOC 시스템을 활발히 구축했었는데 약 10년이 흐른 지금 다시 VOC 시스템을 업그레이드하는 일련의 동향도 눈에 들어온다. 그사이 기술이 많이 변했기 때문이다. 과거에 비해 지금은 고객과의 시간적 관계에 맞춰, 터치포인트(Touchpoint)라고 하는 공간적 관계에 맞춰 VOC를 실시간으로 수집하려는 시도를 하고 있다. 이렇게 수집된 고객의 소리는 대시보드(Dashboard)로 표현되어 최고경영자부터 현장직원에 이르기까지 실시간으로 확인할 수 있게 구성하는 것이다. 이런 VOC 시스템이 바로 기업에 꼭 필요한 '감지 능력'이라 하겠다.

VOC 시스템이라는 '감지 능력'을 확보한 후 고객이 다양한 채널을 통해 제공하는 더 풍부한 힌트를 잘 해석해 낸다면 그 어떤 기업보다 더 고객지향적인 기업으로 자리매김하게 될 것이다. 다만 이런 고객의 소리를 얼마나 소중하게 생각하고 민감하게 반응할 것인지는 기업의 몫으로 남겨져 있을 뿐이다.

'민감한 반응'을 말하다 보니 문득 재미있었던 경험이 떠오른다. 2000년대 중반 행정기관들도 '고객만족행정'을 하겠다고 열심히 움직였던 때가 있었다. 당시 대통령경호실도 고객만족을 실천하기 위해 많은 노력을 했고, 그 노력의 사례를 수기로 모아 책을 냈었다. 그 책의 제목이 '바람소리도 놓치지 않는다'였는데, 여기서 바람소리가 바로 '고객의 소리(VOC)'를 뜻하는 것이었다. 경호실이라는 독특한 업무 특성과 고객만족을 위한 소중한 자산인 VOC를 모두 잘 담아낸 최고의 제목이라는 생각을 했던 기억이 되살아난다.

소통이 되어야 오래간다

어느 식당에 '고객이 짜다면 짜다'라는 슬로건이 붙어 있다고 한다. 식당 주인의 입맛이 아닌 고객 입맛에 맞추겠다는 정신이 존경스럽게 보인다. 세계적인 불황과 저성장의 시대에 기업은 고객의 입맛을 존중하고 그에 맞는 상품을 개발해야 한다. 고객을 우러르지 않는다면 그 기업의 생존은 보장받기 힘들다.

우리나라는 예로부터 인쇄 기술이 매우 발달해 있었다. 목판활

자나 금속활자를 만드는 기술이 뛰어나서이기도 했지만 한지를 만드는 기술 역시 뛰어났기 때문일 것이다. 한지는 수명이 긴 종이다. 한지의 오래된 유품으로 신라 경덕왕 때 석가탑이 창건되었을 때 그 안에 보존해 두었던 다라니경이 있다. 두루마리 형태인데 재료가 닥나무로 알려져 있다. 이 다라니경 두루마리를 싸고 있던 천은 이미 썩어 버렸지만 종이는 거의 그대로 보존되고 있었다고 한다. 그렇게 보존된 다라니경을 통해 불교의 정신이 이어졌으리라.

같은 시기에 만들어진 '민정문서'라는 것이 있다. 일본 도다이지 (東大寺)에 보관되어 있는데 근 1,300년간 원형을 유지하여 오늘날까지 보존된 것으로 알려져 있다. 전문가들은 닥나무로 만들어진 덕택으로 보고 있다.

닥나무로 만든 종이가 이렇듯 오랫동안 사람과 사람의 소통을 이어 주었다. 한편 소통이 활발한 곳은 오래 번성할 수도 있다. 우리나라에서 전라도 전주 지방은 한지로 매우 유명한 곳이다. 오늘날까지 전주는 문화예술의 고장으로 명성이 있다. 소통의 매개가 되는 한지가 발달한 곳에 문화예술이 흥하게 된 것은 단순히 우연의 일치일까? 삼한 시대부터 행정의 중심지였던 전주가 오늘날까지 번성하는 모습을 보면서 고객과 소통을 잘하는 기업이 더 좋은 성장을 할 것이라는 사실에는 더 이상 의심의 여지가 없겠다.

나는 여기서 닥나무를 빌려 고객과의 소통을 말했다. 경영자들은 굳이 닥나무를 빌리지 않더라도 고객과 소통하는 것을 멀리해서는 안 된다. 특히, 그렇게 소통해야 할 고객에는 외부 고객뿐 아니라 내부 고객이라고 하는 직원들도 있다. 아주대학교 김경일 교수는 《이끌지 말고 따르게 하라》에서 '리더라면 부사수의 마음을 헤아려야 한다'고 하면서 이렇게 말했다.

"말단의 다수 팔로어들이 좋아하는 것이 그 가까운 관계들 사이에서 파악되고 계속 위로 올라갔다는 것이다. 바꿔 말하면 이 모든 것들은 최상층의 리더가 자신의 가장 가까운 팔로어가 좋아하는 것을 구체적으로 알고 있고, 이를 지켜보고 있는 그 바로 아래 리더-팔로어 관계가 즐겁게 따라 할 때만 가능하다."

조직 내 수많은 리더들이 자신과 가까운 팔로어가 무엇을 가장 싫어하고 피하고 싶어 하는지, 무엇을 좋아하는지를 구체적으로 잘 알고 있어야 한다는 것이다. 지극히 당연한 말이지만 놓치는 것들이다. 혹시라도 계속 놓치게 된다면 닥나무로 만든 종이에 잘 기록해 둘 일이다.

약속의 엄정함을 품은
대추나무

가시를 품은 나무

대추를 모르는 사람은 거의 없을 것이다. 한약을 다릴 때는 감초와 함께 빠지지 않고, 제사에도 밤과 함께 꼭 상에 올리는 열매가 대추다. 홍동백서(紅東白西)라는 용어와 함께 많이 쓰이는 조동율서(棗東栗西)라는 용어가 있는데, 이때 '조(棗)'가 바로 대추를 뜻한다. 즉 대추는 동쪽, 밤은 서쪽에 놓는다는 뜻이다. 그런데 이렇게 열매가 유명함에도 나무를 보고 대추나무를 바로 알아보는 사람은 생각보다 많지 않을 것이다. 바로 옆에 두고도 알아보지 못하는 경우가 많다. 혹시 아파트에 거주하는 사람이라면 아파트 화단에 대추나무 몇 그루는 쉽게 볼 수 있는 요즘이다. 보통 봄에 꽃으로는 잘 알아보지 못하다가 열매가 달리는 여름부터 대추나무가 이렇게

나 가까이 있었음을 인식하게 된다. 열매가 달려야 비로소 대추나무를 알아보게 되는 것이다.

대추나무에는 작은 가시가 있다고 하는데 사실 나도 가시를 잘 보지 못했다. 잎겨드랑이에 나는 이 가시는 3센티미터 정도로 결코 작지 않음에도 쉽게 눈에 띄지는 않는다. 이 가시는 잎이 변해서 된 것이라고 한다. 눈에 잘 띄지도 않는 가시 이야기를 굳이 꺼낸 것은 대추나무를 한자로 '조(棗)'라고 쓰는데, 이는 가시를 뜻하는 '자(束)'를 세로로 겹친 것으로, 대추나무의 이름 자체에 가시를 품고 있기 때문이다. 참고로 가시를 뜻하는 '자(束)' 자는 나무[木]에 가시가 양쪽으로 나 있는 모양을 따서 만든 글자라고 한다. '자(束)'를 옆으로 겹쳐 쓰면 '멧대추나무 극(棘)'이 된다. 재배하는 대추나무는 높게 자라니 세로로 겹쳐 쓰고, 산에서 자연적으로 자라는 대추나무는 낮게 자라니 옆으로 겹쳐 쓰는 글자를 만들어 낸 옛사람들의 상상력을 생각하면 부지불식간에 미소가 지어진다.

경영을 할 때는 조심하고 경계해야

가시란 무엇인가? 어떤 의미를 갖는가? 흔히 날카로움을 말하기도 하고 쉽게 허락하지 않는 도도함 내지 엄격함을 말하기도 한다. 또는 오히려 약하기 때문에 경계심을 가진 것이라고 볼 수도 있겠다.

경영에서도 늘 조심하고 경계해야 할 것들이 있다. 특히, 약속을 할 때 조심하고 경계해야 한다. 기업이 하는 약속에는 기업과 기업 간 약속도 있고, 기업과 개인(직원) 간 약속도 있다. 또는 기업이 광범위한 대상, 즉 국가나 지역사회와 맺는 유무형의 약속도 있다. 어떤 약속이건 기업은 그 약속을 지키기 위해 신의성실의 원칙을 다해야 한다. 그렇지 않으면 직접적으로는 법률적인 책임을 져야 하겠지만 광범위하게는 윤리적, 도의적 책임에서 자유로울 수 없는 상황도 발생한다. 특히 요즘처럼 기업에 감시의 눈길이 많은 환경에서는 더더욱 약속의 무거움을 알아야 한다.

그래서일까? 기업이 대외적으로 공표하는 약속들이 더러 있다. 윤리헌장, 서비스헌장 등의 이름으로 공표를 한다. 나는 개인적으로 몇몇 공공기관에 고객서비스헌장 자문위원을 한 적이 있는데, 일 년에 두어 차례 모여서 그간 기업이 해 왔던 노력들을 설명하고 조언을 구하는 자리에 참석하곤 했다. 어떤 공공기관은 참으로 열심히 하는 곳도 있고, 어떤 공공기관은 다소 형식적으로 하는 곳도 있다. 실행의 정도 차이는 있겠으나 대외적으로 약속을 천명하고 그 약속을 지키기 위해 노력하는 모습 자체에는 박수를 보내는 마음으로 조심스레 의견을 내곤 했었다.

대추나무 시집보내기

~~~~~

과실이 많이 달리는 대추나무는 예로부터 귀한 식용자원으로 대접받았다. 그런데, 본래도 과실이 많이 달리긴 하지만 더 많은 과실을 얻기 위해 선조들은 특별한 조치를 했다. '대추나무 시집보낸다'는 말로 표현하는데, 대추나무 가지 사이에 큰 돌을 끼워 넣는 것이다. 정월 대보름과 5월 단오에 대추나무 가지가 Y 자로 갈라진 가운데 틈에 큰 돌을 나무껍질이 벗겨질 정도로 꽉 끼워 넣는데, 이렇게 하면 과실이 많이 열린다고 한다. 일견 미신처럼 들릴 수 있으나 여기는 과학이 담겨 있다고 한다. 즉 돌을 끼워서 대추나무의 물관이나 도관을 차단하면 잎에서 만든 양분이 뿌리로 내려가지 못하고 뿌리에서 흡수한 양분은 잎이나 열매로 가지 못하게 하여 길이생장은 제한되고 열매는 많이 달린다는 것이다. 현대 학술 서적에도 이 방법이 나온다고 하는데 이경준 교수의 《이야기가 있는 나무백과》에 보면 몇 가지 방법이 조금 더 자세히 기록되어 있으니 참고해 보기 바란다.

내가 말하고자 하는 요지는 모든 세상 이치는 어떻게 바라보느냐에 따라 다르게 해석할 수 있음에 대한 것이다. 방금 말한 '대추나무 시집보내기'가 열매를 많이 얻기 위한 방법으로 보자면 좋은 방법일지 모르겠으나 한편으로 생각하면 '동맥경화'를 인위적으로 만든 것이다. 식물의 양분이 이동하는 통로를 자연스럽게 두면 상하 양방향으로의 물류가 원활히 일어날 텐데 그 교통의 요충지를 막으니 한쪽에서 경화가 일어난 것이다. 경화의 결과는 더 이상 키가 크지 못하는 성장의 정체이다.

몇 해 전 정치적인 영향으로 공급망이 영향을 받은 적이 있다. 국가 간에 분업을 통해 글로벌 공급망을 발달시켜 왔는데 정치적인 이유로 통상에 제약을 가하면서 개별 기업들이 다시 공급망을 구축하느라 진땀을 흘린 사례가 있었다. 국가 간 협업에 있어 각자 경쟁력 있는 제품을 생산하면 상호 이익이 될 수 있다는 약속이 깨짐으로 인해 위기를 겪은 사례라 하겠다.

약속이 지켜지는 세상, 약속을 지키는 기업

아르헨티나의 국민 맥주로 불리는 킬메스(Quilmes) 맥주가 있다. 아르헨티나뿐 아니라 볼리비아 등의 국가에서 75% 시장점유율을 보이는 남미 대표 맥주 브랜드다. 얼마 전 한 맥주 배달원의 실수가 SNS에서 화제가 되었다. 자전거에 맥주를 싣고 세워 놨다가 자전거가 넘어지면서 맥주가 다 깨져 버렸고, 우연히 CCTV에 녹화된 장면이 SNS를 통해 퍼진 것이다. 이 영상을 본 대부분의 사람들이 맥주 배달원이 큰 낭패를 볼 것으로 짐작을 했다. 그러나 킬메스 맥주는 책임을 묻는 대신 SNS에 '#TheDudeWithTheCrates

(맥주상자의 젊은이)'라는 해시태그를 달아 그 배달원을 찾아 달라는 광고를 냈다. 이런 예상 외의 반응은 방송 등 각종 미디어를 통해 보도되었고, 결국 트위터를 통해 "그 배달원은 나의 조카입니다." 라는 메시지가 날아들었다. 킬메스 맥주는 바로 연락을 취했다. 그리고 학비 마련을 위해 맥주 배달 아르바이트를 해 왔던 그 청년에게 칠레에서 열리는 코파 아메리카 축구대회 경기 티켓 두 장을 선물했다. 이 훈훈한 일화는 각종 언론에 소개되었으며 마케팅 효과로 환산하면 약 65만 달러의 성과를 얻은 것으로 분석됐다.

킬메스 맥주의 이런 행동은 창업 후 일관되게 중시해 온 핵심 신념, 즉 맥주를 제조 판매하는 과정에 관계하는 모든 이해관계자의 생활을 최우선시한다는 '생활중심주의' 신념(Credo)에 따른 것이었다. 의도적으로 자신들이 관대한 기업이라는 이미지를 보여 주려 한 것이 아니라 배달원 또한 킬메스 맥주에 있어 소중한 존재이고 그렇다면 당연히 그의 일상 역시 평온을 유지하도록 만드는 것이 필요하다고 판단한 것이다.

탁월한 서비스로 유명한 리츠칼튼호텔도 '신조(Credo)'로 유명하다. "We are Ladies and Gentlemen Serving Ladies and Gentlemen(우리는 신사 숙녀 여러분을 모시는 신사 숙녀입니다)." 이런 신조로 고객에게 서비스를 하기에 세계 최고의 서비스 기업으로 인정받고 있다. 역시 존경받는 기업은 존경받을 이유가 있는 모양이다.

끝으로 대추나무가 유명한 또 한 가지 이유가 있는데, 귀중한 도장을 만들 때 벼락 맞은 대추나무를 쓴다고 한다. 벼락 맞은 대추나무로 도장을 만들어 쓰면 나쁜 기운을 몰아내고 행운을 준다고 믿는 것이다. 여기서는 진짜 벼락 맞은 대추나무가 맞을까 하는 의구심은 접어 두고 '도장'이 상징하는 약속에 대해 생각해 보면 좋겠다. 약속을 지키겠다는 의미로 '도장'을 찍는다. 그 '도장'을 '가시'가 달린 대추나무로 만든다는 것이 어떤 의미일까? 약속은 가시처럼 엄격해야 함을, 가시처럼 경계해야 함을 일깨워 주고 있다고 하면 너무 과장된 해석일까? 비록 사람들은 긍정적으로 활용하고 있지만 식물 자체로만 보자면 잎에서 뿌리로, 뿌리에서 잎으로 양분이 흐를 것이라는 단순하지만 기본적인 약속이 지켜지지 않을 때 성장이 멈추게 된다는 사실을 일깨워 주고 있다고 하면 너무 억지일까?

화단에 풍성하게 달린 대추 몇 알을 따서 곁에 두고 약속의 엄정함을 생각해 봐야겠다.

제4장
잎으로 경영의 빛을 흡수하다

버림으로써 지속가능을 얻은 은행나무

옻나무, 핵심역량도 잘 써야 '핵심'이다

사시나무 춤추듯 직원도 춤추는 일터

단풍나무처럼, 경영에도 스토리가 필요하다

버림으로써 지속가능을 얻은 은행나무

은빛으로 빛나는 나무

은행나무를 일컫는 동서양의 이름에는 재미있는 이름들이 있다. 먼저 한자로 쓰긴 하지만 우리나라에서 불리는 이름부터 한번 살펴보자. '은행(銀杏)'은 은빛 나는 살구라는 뜻이다. 새콤달콤한 살구를 먹고 나면 씨앗이 나오는데, 은행나무의 씨앗이 그 살구의 씨앗과 매우 흡사하게 생겼다. 색깔만 은빛이 돈다. 그래서 은빛 나는 살구라는 뜻으로 '은행'이라는 이름이 붙었다고 한다. 영어로 은행나무를 부를 때는 우리나라와 마찬가지로 은빛 살구란 뜻의 '실버 애프리코트(Silver Apricot)'라고도 하지만 보통 '메이든헤어 트리(Maidenhair Tree)'로 부른다. 은빛으로 윤기 나는 처녀의 머리카락이란 뜻이다. 은행잎을 자세히 들여다보면 미세한 갈래로 나뉘진 모양이 보이는데 그 모양이 잘 빗은 처녀의 머릿결 같아서 붙여진 이름이다.

중국에서는 '압각수(鴨脚樹)'라는 별명이 있다고 한다. '압(鴨)'은 오리, '각(脚)'은 다리를 뜻하는데 은행잎 모양이 오리발을 닮았다고 붙여진 별명이다. 씨앗과 잎 모양이 이 나무의 이름을 결정짓는 요소이다.

끈질긴 생명력을 지닌 은행나무처럼

경영과 나무 이야기를 연결 지어 글을 쓰겠다고 마음먹던 순간부터 나는 은행나무를 꼭 포함할 생각이었다. 첫째 이유는 은행나무 자체가 주위에서 흔히 볼 수 있는 아주 친근한 나무라는 점이다. 그리고 유구한 세월을 견뎌 온 나무라는 은행나무의 가장 큰 특징이 둘째 이유이다. 나무를 조금이라도 아는 사람이라면 은행나무를 일컬어 '살아 있는 화석'이라는 표현을 쓴다는 정도는 알고 있을 것이다. 학자들은 은행나무의 기원을 중생대 이전으로 추정하고 있다. 약 3억 년 전부터 거의 모습을 바꾸지 않고 살아왔다고 하니 화석이란 말이 그리 틀리지 않게 들린다.

기업을 경영하는 경영자들이 가장 원하는 것이 있다면 오랜 세월 지금의 사업이 생명력을 가지고 번창해 나가는 것이 아닐까 싶다. 여러 조사에 의하면 기업이 세워져서 30년을 넘기는 확률이 그리 많지 않은 것으로 나타나고 있다. 꼭 30년은 아니지만 우리가 너무나 잘 알고 있는 코닥, 노키아, 모토롤라, 도시바와 같이 한때 세계를 호령하던 기업을 비롯해 우리나라에도 대우, 기아자동차, 웅진코웨이 등 많은 기업이 쇠락의 비운을 맞이했다. 비록 이름은 유지하고 있다 하더라도 주인이 바뀌거나 쇠퇴의 길에 접어든 것은 이제 새삼스럽지도 않은 현상이 되어 있다.

이런 상황이고 보니 기업의 경영자, 특히 도전정신 하나만으로 기업을 일으킨 창업자라면 더더욱 내가 세운 회사가 오랫동안 명맥을 유지하고 세상에 이로움을 주기를 바랄 것이다. 그런 면에서 은행나무의 오랜 생명력은 기업 경영자들에게는 참으로 부러움의 대상이 아닐 수 없다. 그 긴 세월 동안 생명력을 유지함은 물론 우리 주위에서 가장 사랑받는 나무로 당당히 자리매김하고 있으니 말이다.

버려야 오래갈 수 있다

그렇다면 은행나무는 어떤 방법으로 이렇게 오랜 세월 동안 생명력을 유지하고 있는 것일까?

아이러니하게도 은행나무의 생명력은 버림으로부터 나온다고 할 수 있다. 생물이 살아가기 위해서는 환경에 적응해야 한다. 우리는 그것을 진화라고 부르기도 한다. 은행나무가 중생대부터 백악기를 거쳐 현재에 이르는 동안 많은 사람들이 알고 있듯이 지구상에는 격렬한 기후변화가 있었다. 빙하에 덮이기도 했고, 엄청나게 높은 온도에 휩싸이기도 했다. 인간의 힘으로는 이겨 내기 힘든 극한 상황들이 많았다고 한다. 이런 극한 환경의 변화 속에서 많은 동물뿐 아니라 나무들도 멸종을 했다. 은행나무가 현재는 지구상에서 극동지역에만 분포하지만 과거 화석을 통해 확인된 바로는 세계 곳곳에 분포했었다고 하는데, 빙하기를 거치면서 얼음에 덮이지 않은 극동지역에서만 살아남은 것으로 추정하고 있다. 은행나무는 어떻게 살아남았을까? 학자들의 연구에 의하면 은행나무는 더운 시기를 지날 때는 추위를 견디는 기능을 과감히 버렸다. 반대로 추운 시기를 지날 때는 더위를 견디는 기능을 과감히 버렸다. 버렸기 때문에 지금까지 버텨 낼 수 있었다는 것이다.

그렇게 버리고 또 버려 온 결과로 은행나무는 암수가 따로 있는 나무가 되어 있는 건 아닌지 모르겠다. 즉 은행나무는 사람의 도움이 없이는 스스로 생식을 하지 못한다. 나무를 조금 아는 사람 중에 은행나무 꽃가루에 정충(精蟲)이 있는 사실을 알고는 스스로 먼 거리를 이동해서 번식을 한다고 생각하는 이들도 있는 것 같은데 실제로는 그렇지 않다. 암나무의 종자 안에 눈에 보이지도 않는 아주 작은 샘이 있는데 정충은 거기서만 짧은 거리를 이동할 뿐이다.

그렇지만 은행나무는 나뭇가지를 꺾어다가 땅에 꽂으면 새로운 나무로 자라나는 탁월한 능력으로 이런 불리함을 이겨 내고 있기도 하다. 역설적이지만 위기를 극복하기 위해 많은 것을 취하기보다는 오히려 과감하게 자신의 일부를 버리고 가벼움과 날렵함으로 그 위기를 극복해 왔기에 은행나무가 지금의 모습으로 우리 주위에 공존하고 있는 것이 아닐까 싶다.

비워야 채워지는 이치

바로 이 모습 때문에 나는 은행나무로 글을 쓰고 싶었다. 많은 경영자들이 과거의 성공 체험과 자신에 대한 확신 때문에 분명 잘못된 길을 가고 있음에도 불구하고 내려놓지 못한다. 결과는 더 큰 위기를 초래하고 만다. 매스컴을 통해 자주 접하는 모습들이다. 그러나 이런 은행나무의 생존 법칙을 통해 가장 큰 성공을 거둔 사례를 우리는 너무나 잘 알고 있다. 플랫폼 기업이 세계를 주름잡는 지금 시점에 오래된 이들 사례가 어떻게 들릴지 모르겠으나 전략 자체는 새겨 볼 만하다고 판단되어 간략히만 언급해 보고자 한다. 바로 16년간 GE를 이끌었던 잭 웰치의 이야기다. 그는 CEO 취임 후 시장에서 1, 2위를 할 수 없는 사업은 과감히 처분하는 전략을 썼다. 수많은 사업 중 시장에서 경쟁력을 가질 수 없는 사업을 과감히 정리하고 핵심 경쟁력에 집중함으로써 위기를 극복함은 물론 더 큰 성장을 만들어 냈다.

비교적 최근의 사례를 보면 어떤가? 마이크로소프트의 CEO가 된 사티아 나델라는 오피스 온리(Only) 전략을 과감히 버리고 클라우드 기반의 사업으로 전환하면서 침체에 빠진 마이크로소프트를 구해 냈다. 앞에서도 잠깐 언급했지만 반대 경우는 또 얼마나 많은가? 코닥은 세계 최초로 디지털카메라 기술을 개발하고도 핵심사업인 화학필름 사업을 버리지 못했다. 노키아 역시 스마트폰 기술을 진작 확보했지만 기존 사업 때문에 활용하지 못했다.

전쟁에서도 버림으로써 득을 취하는 전략이 있다. '배수(背水)의 진'이라는 전법이 그것이다. 인지심리학적으로 보면 사람을 움직이게 하는 '동기'는 '접근 동기'와 '회피 동기'의 두 가지가 있다. 이 중 회피 동기는 불안한 상태, 두려운 상태를 벗어나고자 하는 인간의 심리적 상태를 말한다. 배후에 물을 두는 것은 병가에서는 쉽게 택하기 어려운 병법이다. 퇴로를 스스로 차단하는 꼴이 되기 때문이다. 불안한 상태, 두려운 상태가 극대화된다. 회피 동기를 최대로 자극할 수 있는 것이다.

《초한지》에 등장하는 명장면 중 하나. 한신은 정형구 전투에서 적은 병사로 큰 적을 맞아 싸우면서 배후에 강을 두는 전법을 택한다. 더 이상 물러날 곳이 없다는 절박함을 병사들에게 심어 줌으로써 목숨을 걸고 싸우게 만드는 효과를 얻는 것이다. 전투를 승리로 이끈 한신이 말했다.

"내가 병사들과 만난 지 얼마 되지 않아 그들을 다 부릴 수 없는데, 만약 사방이 뚫린 곳에 진을 쳤다면 병사들은 모두 흩어져 도망쳤을 것이오. 배수진으로 도망칠 곳이 없었기에 스스로 살기 위해 목숨을 걸고 싸워 이길 수 있었소."

이것이 바로 버림이 주는 효과였다고 하면 너무 과장일까. 이렇듯 나무에도, 경영에도, 전쟁에도 때로는 과감하게 버리는 것이 더 큰 이득을 얻고 생명력을 키우는 경우가 있다. 비워야 채워지는 이치이다.

천년의 세월을 이겨 내다

우리나라에는 은행나무 명목들이 많다. 경기도 용문산 용문사에 있는 은행나무 역시 우리나라의 대표적인 명목이다. 신라 마지막 왕 경순왕의 세자인 마의태자가 금강산으로 슬픈 여행을 가는 길에 심었다는 설과 신라 고승 의상대사가 지팡이를 꽂은 것이 이렇게 되었다는 설이 있다. 어찌 되었건 용문사가 신라 선덕여왕 때 지어졌으니 대략 1,000년은 족히 넘었다 할 것이다.

오늘날 많은 경영자들이 핵심역량에 집중해야 함을 강조하고 있다. 그러나 실제로는 어떠한가? 돈이 된다면 이것저것 가리지 않고 사업을 확장해 나가려는 유혹을 이겨 내지 못하는 경우가 많다. 이런 유혹이 다가올 때, 용문사 은행나무와 같은 명목을 한번 찾아 보면 어떨까? 오랜 세월 생명력을 유지해 온 은행나무의 삶을 생각해 보면 버림의 철학이 전해지지 않을까.

　끝으로 은행나무로부터의 배움을 정리하면서 잠깐 재미있는 이야기를 하나 하면서 마무리해 볼까 한다. 어린 시절 친구들과 티격태격 다투었던 소재이다. 아마 많은 분들이 궁금해할 것 같다. 은행나무는 침엽수인가 활엽수인가? 용어 그대로 답하자면 활엽수라 할 수 있다. 일반적으로 침엽수와 활엽수를 구분하는 기준은 잎 모양이다. 잎의 모양이 바늘처럼 뾰족하면 침엽수, 종이처럼 넓적하면 활엽수로 구분한다. 전문적인 분류 방법으로는 씨앗이 껍질(씨방)에 감싸져 있으면 속씨(피자皮子) 식물로, 껍질 없이 씨앗이 노출되어 있으면 겉씨(나자裸子) 식물로 구분한다. 침엽수가 모두 나자식물이라고 보면 된다. 그런데 은행나무는 씨방이 없이 노출된 씨앗을 가지고 있어 나자식물이지만 침엽수로 분류하기는 곤란하다. 모양 자체만으로 보면 넓은 잎인지라 활엽수로 부르는 것이 맞겠다. 다만, 아주 오래전에는 은행나무 잎도 소나무 잎처럼 바늘같이 갈라져 있었다고 한다. 시간이 지나면서 여러 개의 잎들이 켜켜이 붙어 지금의 모습처럼 넓은 오리발 모양이 되었다는 것이다. 은행나무 잎을 자세히 들여다보면 바늘잎이 켜켜이 붙어 있는 모습을 볼 수 있고 그 결을 따라 잘 찢어진다.

이제 조금 더 정확히 은행나무 잎에 대해 알게 되었으니 지금부터는 더 이상 은행나무를 두고 침엽수인지 활엽수인지에 대해 논하지 않았으면 한다. 그보다는 은행나무가 가진 긴 생명력과 그 생명력의 근간에 있는, 핵심으로의 집중을 통한 경쟁력 강화에 주목함으로써 경영의 혜안을 얻기 바란다.

옻나무,
핵심역량도 잘 써야 '핵심'이다

생각보다 생활 속 가까이 있는 옻나무

옻나무 하면 가장 먼저 어떤 것이 떠오르는가? 지금 중년의 나이를 넘긴 사람이라면 산길을 걷다가 옻나무에 닿아서 피부 가려움증을 느끼거나 염증이 생기는 경험을 한 번쯤 해 보았을 것이다. 옻나무는 옻이라고 하는 독성 물질을 가지고 있다. 머리 염색제를 잘못 썼다가 피부가 가렵거나 상하는 경험을 하곤 하는데 이것이 바로 옻 때문이다. 그래서 어른들이 산에 갈 때는 긴 옷을 입고 가라고 말씀하시곤 했다.

그런데 옻나무는 붉은 단풍이 아름답기로도 꽤 이름난 나무 중하나이다. 차를 타고 고속도로를 지나가다가 멀리 야산에 매우 붉은 단풍이 있다면 옻나무일 가능성이 상당히 높다. 마치 용광로의 쇳물처럼 붉은 단풍색을 쏟아 내는 나무가 옻나무이다. 물론 실제로는 옻나무뿐만 아니라 옻나무와 가족 관계인 붉나무일 수도 있지만 여기서는 굳이 옻나무와 붉나무를 구분할 필요는 없기에 그냥 옻나무라고 통칭해도 무방하지 않을까 싶다. 다만, 산에서 두 나무를 구분해야 한다면 가장 쉬운 방법이 있다. 옻나무나 붉나무 모두 주 가지에서 작은 가지(사실은 가지가 아니라 엽축葉軸이라고 해야 정확하다.)가 나고 거기에 잎이 하나씩 달린다. 그래서 한자 표현으로 우상복엽(羽狀複葉)이라고 쓰는데 날개 모양의 겹잎이라는 뜻이다. 엽축까지 포함해서 전체를 잎으로 봐야 하며, 엽축에 달린 작은 잎을 소엽(小葉)이라고 부른다. 붉나무는 이 소엽과 소엽을 연결하는 엽축을 따라 좁고 긴 날개가 달려 있어 쉽게 구분할 수 있다. 붉나무는 손으로 만져도 옻이 오르지 않는 나무다. 이 구분법을 알고 더 이상 산에서 옻이 올라 가려움으로 고생하지 않았으면 한다.

여름이 오면 옻나무의 쓰임새가 하나 더 늘어난다. 삼계탕 중에 옻나무를 넣어 끓이는 옻닭이 그것이다. 옻은 위장병에 효험이 있다 하여 민간에서 약용으로 쓰기도 한다. 특히 환절기에 면역력을 높여서 감기에 잘 걸리지 않게 해 준다고 알려져 있다. 옻닭을 끓일 때는 약성이 더 많은 것으로 알려진 옻나무 껍질을 사용하는데, 깨끗이 씻은 옻나무 껍질을 푹 삶아서 육수를 먼저 만들고 거기에 초벌로 한 번 삶아 기름을 제거한 닭을 넣고 함께 끓여 주면 된다. 옻독이 오를 것이 걱정된다면 옻의 독성을 완전히 제거한 옻 진액을 사용하기도 한다. 독성을 약으로 이용하는 선조들의 지혜가 참으로 놀라울 따름이다.

옻나무의 핵심은 역시 '칠(漆)'

이렇듯 옻나무는 예로부터 매우 유용한 나무로 우리네 가까이 있었다. 일부 시기의 차이가 있기는 하지만 이미 신라 시대부터 뽕나무, 밤나무, 닥나무, 잣나무, 배나무, 대추나무 등과 함께 재배가 권장되었다고 한다. 그런데 옻나무의 효용가치 중에서 뭐라 해도 최고는 바로 옻칠이다. 흔히 나전칠기에서 '칠(漆)'에 해당하는 것이 옻이다. 지금은 화학 도료가 많이 개발되어 있지만 예전에는 옻칠만큼 탁월한 도료가 없었던 모양이다. 옻칠은 특이하게도 산성과 알칼리성에 모두 강한 성질이 있어 다양한 용도로 사용되었다. 군사의 병기(兵器)나 관곽(棺槨)에도 쓰였고, 군함의 바닥을 칠하는 데, 그리고 해저전선(케이블)의 피복 도료로도 활용되었다. 그 밖에 기관총, 대포, 포탄, 탄약상자 등을 칠하는 데도 쓰였다 하니 어지간한 도색작업에는 최고의 도료였던 것은 틀림없는 사실로 받아들여진다. 실로 옻나무의 핵심적인 쓰임새이자 역량은 옻칠이라 하겠다.

그런데 이 핵심역량인 옻칠의 재료를 얻기 위해서는 옻나무에 상처를 내야 한다. 많이 알려진 것처럼 고무나무에서 고무를 얻는 방식과 비슷할 것 같다. 옻나무에 상처를 내면 옻 액이 나오는데 그것을 모으면 된다. 어느 한 곳에 이로움을 주기 위해서는 스스로에게는 고통이 따르기 마련인 모양이다.

기업도 마찬가지가 아닐까? 다른 기업과 차별화된 핵심역량을 보유하기 위해서는 그만큼 힘든 과정이 수반될 수밖에 없다. 그 핵심역량이라 함은 제품개발일 수도 있고 감동을 주는 서비스일 수도 있다. 다른 기업이 도저히 따라올 수 없는 독특한 조직문화일 수도 있다. 어떤 것이 되었건 그것을 어느 정도 경지까지 만들어내기 위해서는 각고의 노력이 필요한 것이다. 그런 노력의 결과로 기업들은 다른 기업과 차별화된 핵심역량이라는 것을 가질 수 있다. 핵심역량은 남들이 쉽게 따라 할 수 없는 그 기업만의 강력한 무기가 되는 것이다.

하나의 핵심역량을 만들어 내기까지

최근 한국 모바일쇼핑 시장에서 쿠팡을 빼고는 이야기를 할 수가 없다. 쿠팡의 핵심역량은 '로켓배송'이라고 불리는 빠른 배송이다. 쿠팡은 이 빠른 배송 시스템으로 기존 쇼핑몰들을 제치고 업계를 평정하고 있다. 쿠팡의 배송 시스템을 나는 한마디로 '위성 시스템'으로 정의한다. 위성을 사용한다는 뜻이 아니라 위성이 돌 듯 배송차량이 정해진 시간 간격으로 할당된 지역을 돌면서 물건을 픽업하고 배송하는 시스템이다. 다른 쇼핑몰들이 배송 주문이 들어오면 차량을 보내서 수령하는 방식으로 움직이는 것과는 사뭇 다른 시스템이다. 이렇듯 배송 시스템을 갖추는 데 엄청난 투자를 했기에 경쟁 쇼핑몰은 물론 여타의 택배회사들도 감히 따라갈 엄두를 내지 못하는 것이다.

또 다른 사례가 있다. 지금은 전 국민의 명함 앱이 된 리멤버 앱 이야기다. 리멤버 앱을 만든 드라마앤컴퍼니의 최재호 대표는 본래 세계적인 전략컨설팅 회사인 BCG(Boston Consulting Group)에서 컨설턴트로 일했다. 해외 프로젝트를 하던 중 링크드인을 통해 전문가를 많이 찾기도 했는데 우리나라에도 그런 플랫폼이 있으면 좋겠다고 생각했고, 그러기 위해 인재 데이터베이스(Database)를 어떻게 만들까 고민하던 중 명함을 수집하기로 했단다. 그런데 당시까지 있던 명함 앱은 대부분 자동인식 방식으로 입력을 해 주었는데 그게 정확하지 않아서 결국 개인이 일일이 다시 수정하거나 입력해야 하는 번거로움이 있었다. 그렇다 보니 사용률이 낮고 결국 스마트폰에서 삭제되는 운명이었다.

최재호 대표는 빠르고 정확한 입력이 명함 앱의 핵심역량임을 간파하고 어떻게 하면 이것을 실행할 수 있을지 고민했다. 해답은 의외로 간단했다. 기업의 고위임원에게 "명함 입력이나 관리가 힘들지 않으세요?"라고 물었더니 그들은 "아니요. 비서가 다 해 주는 걸요?" 하고 웃더란다. 이에 최재호 대표는 "아하!"를 외쳤단다. 그리고 실행했다. 고객이 명함을 사진으로 찍어 보내면 아르바이트를 써서라도 무조건 빠르고 정확하게 입력을 했다. 초기에는 그렇게 했지만 지금은 이미 등록된 정보가 워낙 방대하다 보니 AI 기능을 활용하여 자동화가 거의 다 완성되었다고 한다. 이제 리멤버 앱은 국내에서 감히 넘볼 수 없는 명함 앱으로 시장을 점령하고 있고 강력한 인재 데이터베이스를 활용해 광고 사업, 리서치 사업, 쇼핑몰 사업까지 그 영역을 확장해 나가고 있다.

최근 사례를 소개했으니 조금은 오래됐지만 한국 자동차보험의 판도를 바꾼 사례도 하나 소개하겠다. 삼성화재 역시 유명한 일화를 가지고 있다. 지금은 좋은 서비스의 대명사가 된 '찾아가는 서비스'가 그것이다. 사고 현장에 고객이 연락하지 않아도 알아서 찾아가서 처리해 준다는 개념이다. 유명한 배우 부부를 모델로 대대적인 광고를 벌임으로써 일약 '서비스' 하면 삼성화재의 애니카가 떠오르게 만든 것이다. 물론 그 광고로 인해 많은 사람들로부터 연예인과 차별 대우를 하냐는 불만이 폭주했다는 뒷얘기도 있지만 기업 입장에서 보면 행복한 고민이었을 터. '찾아가는 서비스'를 제대로 실행하기 위해 삼성화재는 택시 기사들에게 사고 현장을 목격하면 신고하도록 홍보하고 인센티브를 제공했다는 소문도 있었다. 정확히 사실 확인은 못 했지만 기업이 하나의 핵심역량을 만들어 내기 위해 쉽게 생각하지도 못하는 영역까지 심도 있게 고민하고, 대안을 만들고, 프로세스와 시스템을 갖추려 노력한 사례로 기억하면 좋지 않을까 한다.

오픈 이노베이션의 힘

과거에는 핵심역량을 모두 자체적으로 갖춰야 하는 것으로 생각했다. 그러나 모든 것을 내부에서 자체적으로 해결하기에는 시간이 너무 많이 걸린다. 우리가 어떤 것을 만들어 낼 즈음이면 경쟁사는 이미 시장을 치고 나가고 있을지도 모를 일이다. 그래서 최근에는 기업의 핵심역량으로 꼽히는 제품개발까지도 외부 전문가의 힘을 빌려 쓰는 것이 많이 보편화되고 있다. 오픈 이노베이션이라고 부른다.

오픈 이노베이션이란 UC버클리 경영학 교수인 헨리 체스브로가 자신의 책《오픈 이노베이션》에서 주장한 방법론이다. 그는 "내부 혁신을 가속하고, 기술을 발전시키기 위해 내외부 아이디어를 모두 활용하고, 가치를 창출하기 위해 내외부의 시장 경로를 모두 활용하는 것"을 오픈 이노베이션으로 정의했다. 실제 오픈 이노베이션으로 성과를 창출한 사례는 많이 알려져 있다. 대표적인 것이 글로벌 기업 P&G의 C&D(Connect & Develop) 프로그램이다.

P&G의 구강관리팀은 구강관리 브랜드의 전략적 확장을 검토하고 있었다. 당시 구강관리팀이 원하던 신제품을 개발하려면 5년 정도의 시간이 걸릴 것으로 예상했다. 천문학적인 비용이 들어가는 것은 또 다른 장애였다. 그러나 P&G는 C&D 프로그램을 통해 1년 만에 신제품을 개발했다. 지금도 유명한 '오랄비 전동칫솔'이 그 주인공이다. 이후 수많은 P&G의 오픈 이노베이션 혁신제품들이 쏟아져 나왔다. 이미지를 새겨 넣은 감자칩 '프링글스 프린트', 주름개선 제품 '올레이 리제너리스트' 등.

오픈 이노베이션에 대해서는 다시 한번 다룰 기회가 있을지 모르겠으나 여기서 강조하고 싶은 것은 기업은 자신만의 무기인 핵심역량을 반드시 확보해야 하며, 핵심역량 확보를 위해서는 내부 역량은 물론 외부로까지 문호를 넓히는 보다 열린 자세가 필요하다는 점이다. 1990년대 말 성장 정체로 위기에 빠진 P&G에 구원투수로 등장한 CEO 앨런 래플리는 성장 정체를 극복할 방법으로 오픈 이노베이션을 제안했다. 그는 "신제품의 50%는 내부 연구소에서(from) 나올 것이며, 다른 50%는 연구소를 거쳐서(through) 나올 것"이라고 말했다. 막대한 연구개발비가 들어가는 내부 개발만으로는 한계가 있다고 본 것이었다.

몇 년 전 한국무역협회의 도움을 받을 기회가 있었다. 당시 한국무역협회 혁신생태계실에서는 스타트업과 대기업을 연결시켜 주는 일을 했다. 대기업이 자체적으로 풀기 어려운 과제를 스타트업에게 제시하고 그 대안을 제시한 스타트업을 지원하거나 함께 협업을 하는 방식이었다. 말 그대로 오픈 이노베이션의 허브 역할이라 하겠다. 마침 동원에서 새로운 홈밀키트(Home Meal Kit)를 개발하고자 희망 스타트업을 모집해서 프로젝트를 진행했다고 한다. 그런데 참여한 스타트업들이 불과 몇 주 만에 매우 다양하고 훌륭한 시제품을 개발해 선보였다고 한다. 동원의 창업 멤버이기도 한 부회장이 놀라움과 함께, 회사 규모가 커지면서 자체적으로는 그런 신속성을 발휘하지 못하게 된 것에 아쉬움을 표하며 창업 당시의 도전정신을 회상하기도 했다는 이야기를 들었다.

그 제품이 정식 출시되었는지는 이후 확인하지 못했다. 분명한 것은 오픈 이노베이션을 잘 활용하는 것 자체도 핵심역량의 하나라는 사실이다. '오픈 이노베이션 프로세스'라는 핵심역량을 갖춘 것이다. 아이디어의 원천이 반드시 내부에 있어야만 핵심역량은 아니다.

유전학에서 자가생식이 반복되면 오랜 시간 후에 열성(劣性)의 후손이 나오는 결과가 흔히 있다. 오늘날 많은 경영학자들이 기업역시 생명력을 가진 유기체라고 가정한다. 그렇다면 내부의 역량만으로 경쟁력을 키우기보다는 더 넓은 외부로 눈길을 돌려 보는 것이 생명력을 강화하여 지속 성장을 하게 만드는 첩경이 될 수도 있겠다.

핵심역량은 제대로 활용해야

자의누리경영연구원 원장이자 스스로 경영철학자라 칭하는 서진영 박사의 《스토리 경영학》에 세계적인 테니스 선수 나달의 이야기가 나온다. 나달은 어린 시절 삼촌이 코치를 맡아 주었다. 그러다 실력이 향상되면서 유명한 테니스 아카데미에 들어갈 수 있는 기회가 생겼다. 그런데 삼촌은 아카데미의 제안을 거절했다. 이유는 아카데미에 들어가면 분명히 나달의 약점인 백핸드를 보완하기 위해 집중 훈련을 할 것이고, 그렇게 되면 나달의 핵심 장점인 포핸드를 살리지 못할 것이라고 우려했기 때문이었다. 삼촌은 "약점은 보완하면 평균이 되지만 강점을 강화하면 자신감과 독창성이 생긴다"고 하며 강점인 포핸드를 더욱 집중적으로 훈련시켰다. 그 결과, 다 알고 있듯이 나달을 세계 최고의 선수로 성장시키게 된다.

고 임경빈 원광대학교 교수의 《나무백과》에 보면 옻칠이 된 밥상과 관련한 재미난 일화가 나온다. 전체 내용은 생략하고 결과만 전하자면, 어려운 형편 중에 책을 써서 얻은 원고료로 옻칠이 된 밥상을 샀다. 그 전까지는 사과 궤짝을 밥상으로 썼단다. 그런데 새로 산 밥상을 쓰고부터 식구들의 눈가가 붉게 부어오르고 두 다리 사이가 가려워져 이상하게 생각했다. 원인은 옻칠한 밥상이었다. 옛말에 옻독이 있는 밥상을 변소에 두어 구린 냄새를 맡게 하면 옻독이 죽는다고 했다. 그래서 귀중한 밥상을 고약한 냄새가 나는 변소에 오랫동안 두었다 썼는데 그 이후에 옻독이 사라졌단다. 요즘 표현으로 '웃픈' 얘기 같다.

핵심역량은 표현 그대로 '핵심'에 제대로 써야 '역량'이 된다. '핵심'에 제대로 쓰기 위해서는 '핵심'을 제대로 파악해야 한다. 우리를 잘 알아야 한다는 것이다. 오픈 이노베이션이라는 어려운 방법론이나 표현을 빌리지 않더라도 고 임경빈 교수의 생활 속 사례와 같이 우리의 삶 곳곳에 경영의 지혜가 녹아 있다. 고 임경빈 교수는 옻나무의 핵심역량인 옻칠의 효과를 제대로 활용하기 위해 '구린 냄새'라는 상극과의 조화를 찾았다. 재미있는 일화로 옻나무에서 핵심역량 활용의 지혜를 들려준 고 임경빈 교수의 이야기가 귓가에 들려오는 듯하다.

사시나무 춤추듯
직원도 춤추는 일터

바다를 품고 있는 나무

～～～～～

사람이 추위 때문에 또는 무서워서 몸을 많이 떨 때 사시나무 떨듯 한다고 표현한다. 왜 그럴까? 많이들 알고 있겠지만 사시나무 잎의 떨림이 매우 심하기 때문이다. 사시나무가 작은 바람에도 이렇게 떨림이 심한 것은 사시나무의 생김새 때문이다. 사시나무는 다른 나무에 비해 유난히 잎자루가 길다. 잎자루란 나뭇가지와 잎을 연결하는 부위를 말한다. 사시나무는 이 잎자루가 유난히 길고 납작하니 조금만 바람이 불어도 나뭇잎이 사정없이 떨린다. 그래서 바람이 조금이라도 부는 날 사시나무가 많은 거리를 지나노라면 '파르륵, 파르륵' 하는 나뭇잎 떨리는 소리를 쉽게 들을 수 있다. 시골에서는 그래서 이 나무를 '파드득 나무'라고도 부른다는데 아직까지 그렇게 부르는 사람을 직접 보지는 못했다.

한여름 사시나무가 늘어선 거리를 걷다가 나뭇잎 떨리는 소리를 듣게 되면 마치 바닷가에서 듣는 파도 소리 같기도 해서 잠시 더위를 잊을 수 있다. 그래서 개인적으로는 산에서, 들에서 바다를 품고 있는 나무라는 생각도 해 보았다.

사시나무는 흔히 포플러나무로도 알려져 있다. 포플러는 영어 단어 'Popular'에서 왔다고 한다. 이 나무가 인기 있기 때문에 붙인 이름이 아닌가 생각된다. 포플러나무는 성장이 매우 빠르고 목재로도 가치가 높기 때문에 인기가 많았던 모양이다. 아무리 그래도 이름 자체에 그런 의미를 내포할 정도니 서양 사람들이 참으로 좋아한 나무임에는 틀림이 없나 보다.

사시나무는 여러 나라에 분포하는데, 재미있게도 대부분의 나라에서 부르는 나무 이름이 비슷하다고 한다. 미국에서는 '트렘블링 사시나무'라 해서 떨고 있는 사시나무라 부르고 인도에서는 '시끄러운 나무'라 부른단다. 일본 사람들은 '산을 소리 나게 하는 나무'라고 부른다 하니 나무의 특징을 보면서 사람들이 느끼는 것은 대체로 비슷한 모양이다.

참고로 사시나무 이야기를 할 때 꼭 하나 말해 주고 싶은 자랑스러운 이야기가 있다. 은사시나무 또는 현사시나무라고 하는 우리나라 최초의 인공 교잡 나무가 있다. 고 현신규 서울대학교 교수께서 은백양나무와 수원사시나무를 교잡해서 만든 나무다. 당시 우리나라의 육종 기술을 드높인 쾌거였다고 한다. 박정희 전 대통령이 이 나무의 이름을 현신규 박사의 성을 따서 '현사시나무'로 붙여 주었다고 하니 당시 얼마나 큰 업적으로 여겼는지 짐작할 만하다. 빨리 자라고 공해에 강하며 짙은 녹음을 만들어 주는 나무로, 전쟁 후 척박한 한국의 산을 녹화하는 데 큰 공헌을 했다고 한다. 전후 세계에서 유례를 찾아볼 수 없는 우리나라의 성공적인 산림녹화 사업에 사시나무도 상당한 기여를 했을 것으로 추측할 수 있다.

일하기 좋은 직장이 열정을 만든다

사시나무의 떨림을 가만히 관찰하고 있노라면 뭔가에 즐거워 춤을 추는 모습처럼 보이기도 한다. 마치 야구장에서 홈런을 쳤을 때나 축구장에서 골을 넣었을 때 일제히 일어나 환호하는 모습처럼 한 마음으로 소리를 지르고 춤을 추는 것 같다. 무엇인가 기쁨을 맛보았을 때는 이렇게 열광적인 모습을 보여 주는 것도 꽤 매력적이라는 생각을 하게 된다.

최근 산업계에서 많이 등장하는 용어 중 하나가 '직원경험'이다. 고객에게만 좋은 경험을 제공할 것이 아니라 직원이 근무하면서 좋은 경험을 하게 만들어야 더 좋은 성과를 낸다는 것이다. 수년 전에는 '일하기 좋은 기업(Great Work Place)'이라는 표현을 많이 썼다. '일하기 좋은 기업'이란 조직 내 신뢰가 높고, 업무에 대한 자부심이 강하며, 즐겁고 보람 있게 일하는 회사를 말하는 것이다. 미국의 경영컨설턴트인 로버트 레버링 박사가 뛰어난 재무적 성과를 나타내는 기업들의 기업 문화를 연구한 결과를 1988년 《포춘》지에 발표하면서 눈길을 끌기 시작했다. 발표한 지는 꽤 오래되었으나 오히려 2000년대 후반에 들어 그 중요성이 더 높아지면서 관심을 받는 모양새다. 물론, 일하기 좋은 기업을 구성하는 요소는 연구자에 따라 다양하게 정의할 수 있을 것이다. 다만 여기서 말하고자 하는 것은 직원들이 일하기 좋은 직장을 만들면 성과를 높이는 데 도움이 된다는 점이다.

과거 우리나라가 한창 고도성장을 하던 시절 직장은 결코 일하기 좋은 곳이 아니었다. 엄청난 노동시간, 생활고를 해결하기 힘든 급여, 다양한 산업재해를 걱정해야 하는 노동환경 등 참으로 견디기 힘든 전쟁터와 같은 곳이었다. 사실, 지금도 열악한 노동환경 속에서 사고로 인해 죽음까지 이르는 노동자가 수시로 뉴스를 통해 알려지고 있는 것이 현실이다. 하지만 과거보다는 훨씬 안전에 대한 인식이 높아지고 여러 가지 법적, 제도적 뒷받침이 생기면서 많은 개선이 이루어졌다. 적어도 물리적 환경 측면에서는 더 이상 어느 선진국 부럽지 않은 정도까지 된 것 같다. 다만, 시대가 바뀌고 환경이 바뀌면서 직원들의 기대 수준도 달라지기 마련이다. 그러니 경영자들은 이 시대에 맞는 '일하기 좋은 기업'이 어떤 모습일지를 항상 고민하고 실현하기 위한 노력을 게을리해서는 안 될 것이다.

직원의 역량을 이끌어 내는 다양한 노력

구글은 일하기 좋은 직장으로 유명하다. 물리적 환경이나 창의성을 이끌어 내는 여러 가지 다양한 제도들까지 세계 최고의 기업다운 면모를 보여 주고 있다. 2018년 여름, 실리콘밸리에 있는 구글 본사 캠퍼스를 방문한 적이 있다. 분명 근무시간 중이었는데도 많은 직원이 커뮤니티 공간에 모여 자유롭게 시간을 보내는 모습이 무척이나 색다르게 보였다.

한미글로벌 김종훈 회장은 《우리는 천국으로 출근한다》라는 책을 냈다. 파격적인 제목으로 화제가 됐었는데, 회사로 출근하면서 직원들이 '천국'이라고 생각할 수 있다면 과연 어떤 곳일까 궁금하기도 했었다. 제니퍼소프트라는 회사의 얘기도 큰 화제가 됐다. 직장 내에 수영장을 만들고, '자유'라는 철학에 따라 직원들이 자유롭게 창의적인 발상을 할 수 있도록 해 주는 것으로 꽤 유명세를 탔다. 마이다스아이티도 요즘 젊은이들 사이에서 많은 화제를 뿌리는 기업이다. 조식, 중식 모두 호텔식 뷔페를 제공하고 직원의 역량을 분석해서 가장 적합한 직무와 매칭을 시켜 주는 등 앞서가는 모습을 보였다.

삼성전자 임원을 만나 식사를 하는 자리에서, "우리 회사는 요즘 탄력근무제를 합니다. 직원들이 원하는 시간에 출근해서 하루 정해진 시간만큼 근무하고 퇴근하는 것이죠." 하는 말을 들은 지도 벌써 수년이 됐다. 당시 상당히 혁신적이라 하여 언론에도 소개가 되곤 했던 것으로 기억한다. 그러나 이제 우리나라에서도 탄력근무제는 독특한 제도 축에도 끼지 못하게 됐고, 이미 주 4일 근무제를 도입한 기업들도 속속 나타나고 있으니 세상이 참으로 빠르게 변하는 것 같다.

유한킴벌리의 '스마트 워크(Smart Work)'는 이미 많이 알려진 사례이다. 직원들이 고정된 자리를 두지 않고 노트북만으로 언제든 이동하면서 일할 수 있고, 책상 디자인을 할 때도 임산부까지 세심히 배려하여 설계하는 등 다양한 이야기들이 전해지고 있다.

다만, 참고로 말하자면 이동식 자율좌석제에 대해서는 긍정과 부정의 평가가 엇갈린다. 한 TV 프로그램에서 문화심리학자 김정운 교수와 홍익대학교 유현준 교수가 현대카드 사옥을 방문해서 자율좌석제에 대한 직원들의 의견을 듣는 장면이 방영됐었다. 예상 못 한 바는 아니지만 상위 직급자는 상당히 불편함을 호소했고 하위 직급자는 대체로 만족하면서 긍정적인 평가를 내렸다. 또 어차피 일정 기간이 지나면 한번 앉았던 자리가 고정화된다는 웃픈 현실도 토로했다. 유현준 교수와 인터뷰를 할 기회가 있어 이 내용에 대해 질문을 했었다. 그는 좌석은 정해 두는 것이 더 좋을 수 있다고 답했다. 사람은 누구나 자기만의 '공간'에 대한 욕구가 있어 그 욕구가 채워질 때 더 안정감을 느끼고 일에 대한 능률도 올라갈 수 있다는 것이다. 타당한 주장이라 생각한다.

성장의 지름길을 찾아서

그렇다면 이 기업들은 왜 이렇게 '일하기 좋은 기업'을 만들고자 노력하는 것일까? 기업은 이윤을 추구하는 집단이다. 이윤이 발생하지 않는다면 이렇게 할 이유가 없을 것이다. 기업은 여러 방법을 시도해 보면서 직원들이 일하기 좋은 곳을 만들어 주는 것이 궁극적으로 성과에 더 좋은 영향을 준다는 것을 확인했기 때문에 더 적극적으로 이런 환경을 만들고자 하는 것이다.

《칭찬은 고래도 춤추게 한다》라는 책이 세계적인 베스트셀러가 됐었다. 단순히 '칭찬'만의 문제가 아니라 직원들이 직장 내에서 꿈과 비전을 가지고 열심히 일할 수 있는 환경을 만들어 준다면 직원들이 충분히 춤을 추지 않을까 싶다. 직원들이 춤을 추면 그 기업은 좋은 성과를 낼 것이다. 직원들의 춤이 사시나무 잎처럼 즐겁게 흔들릴 때, 한여름을 시원하게 해 주는 파도 소리처럼 큰 함성으로 들리게 될 때, 그 회사는 분명 일하기 좋은 회사라 할 수 있다.

다시 한번 상기하자면 사시나무의 성장은 매우 빠르다고 했다. 성장이 빠르면서 크게 자란다. 하늘 높은 줄 모르고 높게 크는 나무이다. 하늘 높게 자란다는 것은 꿈이 많다는 의미로 해석해 볼 수도 있겠다. 얼마나 아름다운 꿈을 꾸며 하늘로 솟구치는 걸까? 그러니 사시나무를 꿈나무라고 불러도 좋지 않을까.

경영자라면 이런 꿈나무를 찾아야 한다. 그리고 꿈나무들이 잘 자랄 수 있는 토양을 만들어 주어야 한다. 그게 바로 '일하기 좋은 직장'을 만드는 것이다. 즐겁게 몸을 흔드는 잎을 가진 사시나무가 매우 빠른 성장을 보이듯이 즐겁게 일하는 직원을 가진 회사 역시 성장이 빠르지 않을까? 경영자의 숙명이 기업을 성장시키는 것이라면 어떻게 해야 진정으로 빠른 성장의 길로 갈 수 있을지 진지하게 생각해 볼 일이다.

그런 면에서 아주 오래된 책에서 읽었음에도 아직 잊히지 않는 재미난 공식이 하나 있어 소개하니 함께 곱씹어 보면 좋겠다. 세계적인 동기부여 강연자인 켄 블랜차드의 유명한 저서 《경호》에 소개된 공식이다.

$$E = mc^2$$

* E : Enthusiasm(열정) / M : Mission(미션) /
  C : Cash(자금) / C : Congratulation(기쁨)

단풍나무처럼,
경영에도 스토리가 필요하다

Story of Maple

〈메이플스토리(MapleStory)〉를 아는가? 〈메이플스토리〉는 2004년 첫 서비스를 시작한 이래 지금까지 누적 다운로드 1천만 회 이상을 기록하며 MMORPG 장르 게임 중 PC방 점유율 약 7%로 1위를 유지하고 있는 대표적인 인터넷게임이다. MMORPG(Massive Multi-user Online Role Playing Game)는 한꺼번에 많은 인원이 참여해서 각자의 역할을 담당하며 진행하는 게임을 말한다. 〈메이플스토리〉는 '메이플 월드'라고 하는 환상적인 세계를 배경으로 여기에 존재하는 강력한 몬스터를 무찌르고 세계를 구하는 것을 목표로 하는 게임이다. 흔히 세계관이라고 부르는 스토리가 있다. 이 스토리는 게임의 인기에 힘입어 만화로 제작되어 엄청난 판매고를 기록하기도 했다.

갑자기 온라인게임 이야기를 왜 이렇게 길게 했을까? 〈메이플스토리〉에서 '메이플(Maple)'이 바로 단풍나무의 영어 이름이다. 어쩌면 나무 중에서 은행나무와 단풍나무를 모르는 이는 없지 않을까?

주위에서 쉽게 볼 수 있는 친숙한 나무

우선은 단풍나무는 동네 어디서든 아주 쉽게 접할 수 있다. 동네 뒷산은 물론 근린공원, 아파트 화단에서도 가장 많이 만나는 나무가 단풍나무다. 게다가 잎 모양이 기억하기에 매우 좋다. 손바닥을 펼친 듯 다섯 갈래로 나눠진 잎은 한번 보면 머릿속에 그대로 각인된다. 가을이면 선홍색으로 물든 단풍이 또한 걸작이다. 오죽하면 가을에 나뭇잎이 노랗게 빨갛게 물드는 것을 '단풍 든다'고 하는데 그 단어를 그대로 나무 이름에 사용했을까?

단풍나무는 단풍나뭇과에 속하는 낙엽성 교목이다. 교목이라는 뜻은 높게 크게 자란다는 뜻이다. 우리나라에는 여러 종류의 단풍나무가 자라는데 식물학자들은 열매의 날개 두 장이 만드는 각도에 따라 단풍나무를 구별하기도 한단다. 참고로 단풍나무의 열매를 보면 마치 벌이나 매미 같은 곤충의 날개처럼 생겼다. 열매를 따서 하늘 높이 던지면 마치 프로펠러처럼 빙글빙글 돌면서 땅으로 떨어진다. 이렇게 날개가 달린 열매를 '시과(翅果)'라고 부르며, 단풍나무의 대표적인 특징이니 잘 기억하기 바란다. 간혹 잎이 세 갈래로 또는 그 이상으로 갈라진 단풍나무 가족도 있지만 열매는 모두 시과로 똑같다.

말을 꺼냈으니 알아 두면 좋을 단풍나무 가족 몇 가지를 소개하겠다. 단풍나무 가족에는 당단풍(唐丹楓), 좁은잎단풍, 섬단풍, 설탕단풍 등이 있고 이름에 단풍이 붙어 있지는 않지만 고로쇠나무, 신나무, 복자기나무 등 종류가 무척이나 많다. 그중 우리나라에 가장 많이 자라는 단풍나무는 당단풍이다. 서울에 있는 산이나 아파트 화단에서 보는 단풍나무도 대부분 당단풍이라고 보면 된다. 손바닥 같은 잎에 손가락처럼 갈라진 갈래가 많다. 아홉 갈래에서 열한 갈래 정도로 갈라진다. 학창 시절 나뭇잎을 책장에 꽂아 두고 잘 마르면 비닐 코팅을 해서 책갈피로 사용하곤 했는데, 그 용도로 가장 인기가 있던 나뭇잎이 바로 이 당단풍 나뭇잎이었다.

그 외 유명한 단풍나무로 고로쇠나무가 있다. 고로쇠나무는 수액으로 더 유명하다. 식물분류학으로 석사과정을 밟고 있던 동기를 따라 연구실로 가면 냉장고에 늘상 고로쇠 수액 몇 통이 있었다. 목마를 때 마시기도 하고 심지어 수액으로 라면도 끓여 먹었던 것 같은데, 지금 생각해 보니 세상 사치스러운 라면이었다.

메이플시럽으로 유명한 설탕단풍도 있다. 캐나다 국기에 붉게 그려져 있는 나무다. 고로쇠나무와 마찬가지로 수액을 받아서 끓이고 졸여 메이플시럽을 만든다. 시중에서 와플에 뿌려 먹는 용도로 가장 흔히 접할 수 있다.

민속놀이 중 화투놀이가 있다. 유래가 일본인지 어떤지는 지금 논할 필요가 없겠고, 화투놀이에 사용하는 화투는 1월부터 12월까지 각 달에 해당하는 패에 그 달의 상징적인 식물을 그려 넣었다. 그중 10월에 해당하는 식물이 단풍나무다. 지금은 명절에 가족이 모여도 텔레비전을 보거나 각자 스마트폰으로 유튜브를 보느라 다 같이 모이는 일이 쉽지 않지만 불과 얼마 전까지만 해도 화투놀이는 윷놀이와 함께 가족이 함께 놀 수 있는 대표적인 놀이였다.

화투놀이를 하면서 모처럼 만난 가족의 온갖 이야기를 나누곤 했다. 시끌벅적하게 몇 시간을 놀아도 지겹지가 않았다. 때로는 약간의 내기를 걸기도 하는데 판돈이 커지면 자칫 다툼이 일어나는 단점이 있기는 하지만 큰돈만 아니라면 적당한 긴장감을 주면서 놀이에 집중하게 만드는 효과도 있었다. 그렇게 화투놀이를 하면서 쌓인 이야기는 두고두고 웃음의 소재가 되었고, 명절 연휴가 끝나고 각자 집으로 돌아온 이후에도 전화를 통해 회자되며 가족의 기억을 오랫동안 유지하는 매개가 되었었다.

생명이 있는 것은 이야기가 있다

앞에서도 소개한 서진영 박사의 《스토리 경영학》 프롤로그에서 는 이렇게 역설한다.

"경영은 살아 있어야 한다. 경영학 역시 살아 있어야 한다. 모든 것은 변화한다. 시간의 흐름은 기업이 처한 기술 환경과 조직이 처한 외부 환경을 바꾸어 우리에게 적응을 요구한다. 공간이 바 뀌어 산업에 뛰어드는 강력한 경쟁자가 외국에서 나타나기도 한다. 인간 역시 영원하지 않아 과거의 성공에 심취한 경영자의 열정이 둔해지기도 하고, 조직 구성원의 마음가짐 또한 아련한 옛날, 그 시절처럼 똘똘 뭉쳐지지도 않는다. 세간의 변화는 지 속가능경영과 사회적가치경영의 중요성을 강조하고 있다. 이 런 변화 속에 생존하기 위해선 경영은 살아 움직이며 시간, 공 간, 인간, 세간의 변화에 적응해 내야 한다."

여기서 살아 있다는 것은 '스토리'를 만들어 내는 과정이라고 생 각된다. 살아 있기에 '스토리'를 만들 수 있는 것이다.

최근 기업에도 스토리가 필요하다는 이야기를 많이 한다. 내 가 서진영 박사의 프롤로그를 다소 길게 적은 이유는 2023년 인하 대학교 김연성 교수 등의 공저 《인사이트 있는 특별한 고객경험전략》에서 고객경험을 창출하는 핵심 요소로 시간, 공간, 인간(로봇)을 다루고 있는데 그 일맥상통함에 놀라움이 느껴진 탓이다. 이 책에서 이야기가 있는 특별한 경험 사례를 다루고 있어 잠깐 소개하겠다. 뉴욕 세인트 마크스 플레이스 113번가에는 'PDT Bar'가 있다. 'PDT Bar'는 'Please Don't Tell Bar(제발 다른 사람에게 말하지 마세요)'의 줄임말이다. 이 바에는 술과 관련된 스토리가 있다. 간단히 말하면 1920년대 금주령을 피해 직접 술을 만들어 마시던 공간을 재현했다고 보면 된다. 그래서 출입구도 비밀스럽게 만들고 다른 사람에게 말하지 말라고 하며 비밀스러운 장소로 유지하려는 시도를 한다. 그러나 오히려 역설적이게도 이런 스토리는 이 바를 뉴욕에서 가장 뜨거운 공간으로 만들어 주었다.

리츠칼튼호텔 사례도 소개돼 있다. 호텔에서 휴가를 보낸 가족이 집으로 돌아갔는데, 아이가 '애착 인형'을 두고 온 것이다. 한시도 떨어질 수 없는 애착 인형을 잃어버리고 몹시 슬퍼하는 아이에게 아빠는 인형이 며칠 더 휴가를 즐기고 올 거라는 선의의 거짓말을 한 다음 호텔에 연락해서 서둘러 찾아 줄 것을 요청했다. 며칠 후 집에는 인형과 함께 앨범이 도착했다. 그런데 앨범에는 아이의 애착 인형이 정말로 휴가를 즐기는 모습으로 촬영된 사진이 가득했다. 마사지를 받는 모습, 일광욕을 즐기는 모습, 다른 인형과 즐기는 모습과 같이 설명까지 첨부되었다. 아이가 무척이나 기뻐했음은 물론이다.

고객에게 다가가는 스토리

우리나라에도 많은 기업에 스토리가 존재한다. 특히 삼성그룹이나 현대그룹의 창업자와 관련된 스토리는 고객에게는 신뢰를 주고 직원에게는 자긍심을 주기에 부족함이 없다.

조금 최근 사례를 보자. 무신사는 '무지하게 신발 사진이 많은 곳'이라는 말이란다. 무신사 창업자는 스스로 신발을 무척 좋아하는 사람이었고, 좋아하는 신발 정보를 공유하기 위해 '무신사 매거진'이라는 블로그를 시작한 것이 무신사의 모태가 되었다고 한다. 지금 무신사는 MZ세대에게 가장 인기 있는 패션 플랫폼이 되어 있다.

초신선 육류 쇼핑 플랫폼 '정육각'을 알지 모르겠다. 2020년 정육각을 창업한 김재연 대표를 만났다. 아직 어린 티를 벗지 못한 장난기 많아 보이는 젊은 청년이었다. 그는 카이스트를 졸업한 영재다. 돼지고기를 너무나도 좋아했던 그는 졸업 후 미국 유학을 가기 전에 돼지고기를 실컷 먹기 위해 도축장에서 직접 고기를 사서 먹었다. 도축장에서 사다 보니 양이 많아 주위 사람들에게 나눠 주기 시작했는데 사람들마다 고기가 맛있다고 더 사 달라는 요청이 왔단다. 그래서 사는 양을 조금씩 늘려 가게 되었고 돈도 받으면서 팔게 되었단다. 마침 유학 비용도 마련할 겸 조금씩 규모를 키워 그것을 효율적으로 처리하기 위해 플랫폼을 만든 게 지금의 사업이 되었다는 것이다. 지금은 육류 유통의 복잡한 프로세스를 혁신하기 위해 다양한 시도를 하고 있다. 이렇듯 스토리가 있는 기업은 쉽게 기억 속에서 떠나지 않는다.

단풍, 봄의 새로운 도약을 위한 기다림의 시작

일반적인 의미의 단풍 현상은 왜 생기게 될까? 뜨거운 여름이 지나 꽃이 지고 열매가 성장하면 광합성을 통해 양분을 만드는 잎의 엽록소는 더 이상 역할이 없어진다. 엽록소는 나뭇잎을 초록색으로 보이게 하는 물질인데, 이 초록색의 엽록소에 밀려 힘을 쓰지 못하던 다른 색소들이 마침내 힘을 내게 된다. 카로틴이나 크산토필 같은 색소가 해당된다. 물론 이들 색소는 은행나무처럼 노란색 단풍이 들게 하는 색소이다. 그럼 이 글의 주인공인 단풍나무의 단풍도 같은 원리로 물이 드는 것일까? 그렇지 않다. 단풍나무는 잎의 활력이 떨어지면서 붉은 색소인 화청소(花靑素)가 새로 생겨나서 그리 된다고 한다.

온 국토를 붉은색으로 물들이던 단풍이 지고 나면 겨울이 온다. 보통 경영 세계에서 겨울은 혹독한 시련의 시기를 뜻한다. 화려한 단풍이 소위 잘나가는 시기를 뜻한다면, 그런 잘나가는 때를 지나 어려움을 겪을 수 있음을 경고하는 것은 아닌지 생각해 보게 된다.

반대로 혹독한 겨울이 지나고 나면 다시 봄을 맞이한다. 그것이 기업의 라이프 사이클인 것이다.

〈메이플스토리〉라는 게임이 20년 가까운 시간 동안 승승장구하고 있다. 게임이 오랜 시간 인기가 있으려면 스토리가 탄탄해야 한단다. 기업으로 확장해도 다르지 않다. 스토리가 있는 기업은 고객에게 오래 기억된다.

10월 말이면 설악산, 주왕산, 내장산의 단풍이 최고로 아름다울 시기가 된다. 경영자들로서는 다음 해 사업계획을 짜느라 여념이 없겠지만 그래도 잠시 짬을 내어 단풍여행을 가 보면 어떨까? 붉은 단풍나무를 보며 지금 우리 회사에는 어떤 스토리를 만들 수 있을지 생각해 보면 어떨까? 멋진 스토리로 고객과 소통하며 메이플시럽 같은 달콤한 성과를 얻을 수 있으면 좋겠다.

제5장
꽃과 열매는
경영의 결실

이익을 내야 참경영,
참나무의 이익경영

나무 중에 으뜸, '참'나무

상수리나무를 아는 사람이 얼마나 될까? 나도 대학에 입학해서 수목학, 식물분류학 등의 수업을 통해 상수리나무를 알게 되었다. 내가 나서 자란 부산 지방에서는 상수리나무라는 이름은 거의 쓰지 않고 그냥 도토리나무라고 불렀던 것 같다. 상수리나무는 흔히 도토리나무 또는 꿀밤나무로 많이 알려진 참나무의 한 종류이다.

우리가 일반적으로 나무 중에서 가장 좋은 나무라 하여 참나무로 통칭해서 부르는 나무의 무리에는 실제로 여러 나무가 포함된다. 지금 말하는 상수리나무를 비롯해 굴참나무, 졸참나무, 신갈나무, 떡갈나무, 밤나무까지. 이 나무들의 열매로는 묵을 만들어 먹기도 하고, 나무는 목재나 땔감으로 매우 우수한 성질을 가지고 있다. 버섯을 재배하는 기주목(寄柱木)으로 쓰이기도 한다. 당연히 울창한 숲을 만들어 주니 산림 녹화나 경관을 가꾸는 데도 좋은 역할을 한다. 그러니 예로부터 나무 중의 나무라 하여 참나무로 불렸던 것이다. 우리 선조들은 좋은 것에는 '참'이라는 글자를 많이 썼다. 꽃 중에 가장 좋은 꽃을 '참꽃'이라 이름 붙였다. 진달래가 바로 참꽃이다. 나무에 '참'이라는 글자를 붙여 '참나무'로 불렸으니 얼마나 좋게 생각했던 것일까?

중국에서도 참나무를 '성스러운 코끼리'의 뜻을 가진 '상목(象木)'이라 부른다. 그리스에서는 '참', '진리'라는 뜻의 '쿠에르쿠스(Quercus)'라 부른단다. 그리스 신화의 제우스와 로마 신화의 유피테르는 동일한 신으로 천둥, 벼락, 참나무의 신이다. 산에서 벼락을 가장 잘 맞는 나무가 참나무라고 하는데, 벼락의 신과 참나무의 신이 같으니 재미있는 우연의 일치인 것 같다.

서울 만리동에 있는 손기정 체육공원에는 손기정 선수가 올림픽 마라톤에서 우승하고 받은 참나무가 심겨 있다고 한다. 본래 모교인 양정고등학교가 있었던 자리에 올림픽 우승 나무를 심어 주었으니 참나무처럼 후배들이 단단히 자라 주길 바랐던 것일까.

상수리나무는 도토리가 많이 달리는 나무이다. 가을이 되면 도토리를 주워 말렸다가 가루를 내어 묵을 만든다. 도토리묵은 쌉쌀한 맛이 독특한 주전부리가 되곤 한다. 도토리묵 만드는 법은 대략 다음과 같다. 잘 말린 도토리를 가루로 만들고 물에 불려서 앙금을 내려 준다. 그 앙금을 냄비에 넣고 계속 저으면서 끓이면 된다. 말은 쉽지만 떫은맛을 없애 주기 위해서는 앙금 만드는 과정에 물을 수차례 갈아 주어야 하니 손이 많이 가는 일이다. 어린 시절 어머니께서는 늘 막내인 나에게 이 일을 시키곤 하셨다. 그때는 그리도 하기 싫었는데, 지금은 어머니와 함께 도토리묵을 만들어 보고 싶다. 요즘은 대형마트에서도 도토리 가루를 판매하고 있으니 간단히 구입해서 끓이기만 하면 도토리묵을 쉽게 쑤어 먹을 수 있게 되었다. 이렇듯 도토리는 사람들에게는 감칠맛 나는 간식거리였고, 다람쥐에게는 겨울을 나는 소중한 식량이 되어 주는 것이다.

도토리 중에서는 굴참나무 도토리가 다른 참나무류의 도토리보다 조금 더 크고, 도토리 모자에 털이 나 있어 쉽게 구분할 수 있다. 광릉에 있는 국립수목원 인근에는 참나무류가 많다. 국립수목원에서 연구사를 지낸 박봉우 박사의 실용적인 실험(?)에 의하면 졸참나무 도토리가 크기는 가장 작지만 묵 맛은 가장 좋았다고 한다. 개인적인 취향이 반영된 실험이었을 테니 꼭 과학적이라고 할 수는 없겠다. 고추도 작은 것이 맵다더니 도토리도 작은 도토리가 더 맛있는 모양이다.

참나무 식구 구별법

그렇다면 참나무류를 어떻게 쉽게 구분할 수 있을까? 상수리나무는 나무 기둥 줄기가 짙은 검은색을 띠면서 깊게 갈라져 있다. 나뭇잎은 길쭉한 타원형으로 생겼다. 앞서 말한 참나무 가족 중에서 상수리나무, 굴참나무, 졸참나무, 밤나무는 잎 모양이 길쭉한 타원형으로 비슷하다. 신갈나무, 떡갈나무는 잎 모양이 넓적하면서 가장자리가 물결 모양을 하고 있어 구분이 된다. 떡갈이 좀 더 잎이 크고 신갈나무 잎은 작다. 옛날에 종이나 비닐 등이 없던 시절에 신갈나무는 신발의 깔창으로 써서 신갈, 떡갈나무는 떡을 담을 접시를 대신해서 떡갈이라는 이름이 붙었다고 한다. 사실 여부를 떠나 지금부터는 신갈, 떡갈처럼 '갈' 자가 들어간 참나무는 잎이 넓은 편이라는 것을 이 기억법으로 쉽게 기억하기 바란다. 문제는 비슷한 잎 모양을 가진 무리끼리는 또다시 구분하기가 어려워진다는 것이다. 상수리나무와 굴참나무는 나무껍질이 검은색을 띠고 있어 흑색 참나무로, 신갈나무와 떡갈나무는 그보다는 밝은 색이라 백색 참나무로 분류하기도 한다.

아무튼 여기서 각각을 설명해도 직접 보지 않고서는 다 기억할 수 없을 터이니 이쯤에서 줄이는 편이 낫겠다. 다만, 굴참나무는 경영자들이 많이 접하는 와인과 인연이 있어 조금만 설명을 더 해 본다. 와인 병마개로 사용하는 코르크가 바로 굴참나무에서 왔다.

물론 코르크나무가 따로 있기도 하지만 굴참나무 껍질은 매우 두꺼운 코르크층을 가지고 있어 이것을 재료로 쓰는 것이다. 와인은 숙성도 참나무 통에 하고 병마개도 참나무 코르크로 만드니 참나무와는 뗄 수 없는 인연을 가진 술이라 하겠다.

바로 지난주 아내와 함께 서울 남산 둘레길을 걸었다. 멀리 갈 것도 없이 남산에는 지금까지 설명한 참나무 종류들이 거의 다 자라고 있다. 늦가을이면 노랗게 물든 참나무 잎들이 생을 다하고 떨어진다. 참나무 낙엽이 발밑에서 바스락거리는 소리를 듣노라면, 그 푹신한 포근함을 느끼노라면, 뭔가 특별한 것을 하지 않아도 힐링이 된다. 어느덧 가을이 성큼 다가왔다. 낙엽이 겨울 눈 속으로 사라지기 전에 아내와 다시 참나무 낙엽을 밟으러 가 봐야겠다. 오래전 남산에서 장충동으로 내려와 족발집 골목에서 막걸리와 족발로 허기를 채운 기억, 그 맞은편 오래된 태극당 빵집에서 전통 아이스크림(아이스케키라고 불렀던)을 맛보았던 기억을 다시 되살릴 수 있을는지.

경영은 이익을 내는 것

~~~~~~~~

각설하고 상수리나무를 비롯한 참나무 종류는 참으로 사람들에게 많은 이익을 주는 나무들이다. 열매로, 목재로, 땔감으로, 껍질로, 형태도 다양하게 이로움을 준다. 기업은 어떤가? 참나무가 다양한 이익을 안겨 주듯 기업 역시 이익을 만들어야 한다. 경영을 하면서 이익을 내지 못하면 그 기업은 연속성을 가질 수가 없다. 매년 적자를 내면서 기업이 오래가기를 기대하는 것은 어불성설이다. 물론, 창업 초기 일정 기간 기술을 개발하고 신제품을 만들기 위해 투자를 하는 기간이 필요할 수는 있다. 하지만 그 기간 중에도 이익을 내기 위한 전략을 치밀하게 준비하지 않으면 기업이 잘 영위될 수 없다.

최근 스타트업을 창업해서 실패하는 많은 청년 창업가들을 보면 자신이 가진 기술만으로 기업을 운영하려는 생각들을 많이 하는 것 같다. 매우 위험한 생각이다. 기술이 회사의 근간이 될 수는 있겠으나 그 기술을 뒷받침하기 위해서는 절대적으로 이익을 낼 수 있는 방법을 마련해야 한다. 2019년, 스스로 스타트업을 만들어 성공적으로 엑시트를 한 후 후배 스타트업에 투자와 자문을 병행하는 김기사랩의 박종환 대표를 만났다. 본인 역시 창업 후 3년째가 가장 큰 고비였고, 대부분의 스타트업이 3년 이내에 결과가 나온다고 한다. 즉, 성공적으로 사업을 일으켜 매출도 성장하고 추가 투자도 확보할 수 있는 분기점이 3년 정도라는 것이다. 보통 이 시기를 죽음의 계곡, 즉 데스 밸리(Death Valley)라고 부른다. 이때 추가 투자유치의 성공 여부를 결정짓는 것은 기술 자체보다는 이익을 만들어 내는 비즈니스 모델이라고 한다.

일본의 3대 경영의 신이라 불리는 이나모리 가즈오 회장도《회계 경영》이라는 책에서 이익의 중요성을 역설했다. 뻔한 얘기지만 기업은 이익을 냄으로써 지속적으로 기술을 개발할 수 있는 재원을 확보할 수 있다. 그 재원으로 좋은 인재를 영입할 수 있으며, 직원들에게 보다 좋은 근로환경을 제공해서 생산성을 높일 수도 있다. 주주에게는 투자에 대한 배당을 통해 신뢰를 얻어 사업 확장을 위한 지원을 확보하는 데도 도움이 될 수 있다. 이렇듯 기업이 이익을 내는 것은 너무나도 중요한 명제라 하겠다.

롱텀 씽킹이 필요하다

다만, 너무 단기 이익에 치중할 경우 중장기적 성장의 기반을 만드는 데 부정적 영향을 미치기도 한다. 오늘날 기업의 임원들은 기업의 미래는 아랑곳하지 않는 행동주의 헤지펀드와 기관투자자들로부터 분기수익률을 올리고, 배당금을 높이고, 주식을 환매하라는 압박을 받고 있다. 와튼 스쿨의 마이클 유심 등이 공저한《롱텀 씽킹》서문에서는 '장기투자집중자본(FCLT: Focusing Capital on the Long Term)'이라는 비영리 단체가 600여 명의 경영진과 부서장을 대상으로 실시한 2014년 글로벌 연구조사 내용을 소개하고 있다. 응답자의 3분의 2가 지난 5년간 단기 실적 압박이 증가했다고 언급했단다. 우리나라 경영자의 상황에 직접 대입이 어려울지 모르겠으나, 점점 더 우리나라도 상황이 닮아 가고 있는 것 같다. 경영자들에게는 시간이 별로 없어 보인다.

그러나 다행스러운 것은 장기적 관점의 경영이 결국엔 이득이라는 것을 입증해 주는 자료가 점점 늘어나고 있다는 것이다. 세계적인 컨설팅회사인 맥킨지 글로벌 인스티튜트에서 2001년부터 2015년까지 미국에서 상장된 대형주 및 중형주 기업 615곳에 대한 기업성과를 분석한 결과가 있다. 투자, 성장, 수익성, 수익관리 패턴에 따라 장기 기업과 단기 기업으로 구분해서 상대적 성과를 비교했다. 그 결과 장기 기업이 수익, 일자리 창출 등에서 훨씬 탁월한 성과를 냈다는 것이다.

GE의 전설적인 CEO 잭 웰치는 "단기 열매를 따 먹지 못하면, 장기 열매를 키울 수 없다. 누구나 단기 관리를 할 수 있고 장기 관리도 할 수 있다. 단, 진정한 경영이란 이 두 가지의 균형점을 찾는 것이다."라고 말했다. 적절한 표현이다.

서구 역사에도 참나무가 꽤 많이 등장한다. 프랑스와 영국의 기나긴 패권 다툼은 자국 내 참나무 숲이 얼마나 무성하며 또 황폐한지에 따라 승부가 결정되었다는 설도 있다. 영국은 식민지 미국이 프랑스와 동맹하자 미국산 참나무를 구할 수 없어 배를 만들지 못했다고도 한다. 그 결과로 독립전쟁 당시 노후한 배를 가진 영국이

신생 임업 대국인 미국을 이길 수 없었다고 분석하기도 한다. 참나무 숲을 가진 나라가 강한 나라였다는 것이다. 참나무를 이익으로 비유했으니, 이익을 많이 내는 기업이 오래가는 것과 같은 이치라고 할까.

개별 나무로 볼 때 참나무는 자람이 그리 빠르지는 않은 나무다. 느리게 자라는 만큼 목재의 재질이 치밀하다. 숲 전체로 볼 때 산에 참나무가 많다는 것은 숲이 건강해져 있다는 뜻이다. 참나무는 혼자 있으나 모여 있으나 건강함을 상징하는 나무다. 나무가 건강하니 그 숲의 동물도 사람도 건강하게 만들 수 있다. 건강한 생태계가 만들어지는 것이다.

특별히 빠르게 자라지 않아도 좋은 나무의 상징이 된 참나무처럼, 좋은 이익을 만들어 내는 기업을 만드는 것이 모든 경영자의 꿈이 아닐까? 단기 성과보다는 롱텀 씽킹을 통해 그 꿈을 이룰 수 있기를 바란다. 그리고 참나무 통에서 숙성시킨 향긋한 와인으로 다 같이 성공의 축배를 들어 보면 어떨까?

미인박명 벚나무,
미래를 준비해야 한다

봄의 주인공

봄비가 내리고 확연히 온기가 더해진 날씨에 가장 신이 나는 나무가 벚나무이다. 본격적으로 꽃잎을 터뜨리며 화려함을 더해 간다. 내가 근무하는 여의도에는 벚나무로 유명한 윤중로가 있다. 매년 4월 초면 벚꽃축제가 열려 많은 상춘객들이 찾는다. 벚꽃축제 기간이 되면 어마어마한 인파가 여의도로 몰려드는데, 벚꽃은 그렇게 사람들로부터 사랑을 많이 받는 꽃이다.

여의도 윤중로를 바로 코앞에 두고도 벚꽃이 한창일 때 그 길을 가 본 기억이 별로 없다. 바빠서 그렇기도 했거니와 정말 잠깐만 깜빡하면 순식간에 벚꽃이 사라져 버리고 없기 때문이기도 하다. 남한산성의 수어장대에서 내려다보는 산어귀의 벚꽃 역시 매우 아름답다 하는데, 나는 늘 가을 아니면 겨울에만 찾은 터라 아름다운 벚꽃의 자태를 보지 못했다. 봄에는 사람이 너무 붐비니 일부러 피한 것이다. 그리고서는 따 먹지 못하는 포도를 보며 맛이 없을 거라 자위하는 여우의 마음으로 살아가고 있다.

벚나무가 꽃으로만 사랑받을 나무는 아니다. 목재는 가구재로도 쓰이는데, 팔만대장경 목판의 3분의 2 정도가 산벚나무로 만들어졌다고 한다. 인테리어를 할 때 주부들이 좋아하는 체리우드 역시 산벚나무 목재를 뜻하는데, 서양에서는 최고급 가구재로 통한다.

내 기억 속에 가장 오래 남아 있는 벚꽃 중 하나로 미국 워싱턴 D.C.의 인공호수인 타이들 베이슨(Tidal Basin) 둘레에 핀 벚꽃이 있다. 2004년 4월 워싱턴 D.C.를 방문했을 때 마침 벚꽃축제가 한창이었고 특히 밤 가로수 조명에 비친 호숫가의 벚꽃은 정말 장관이었다.

이 벚꽃에는 역사가 담겨 있다. 1912년 도쿄 시장 오자키 유키오가 미국에 벚나무 3,000그루를 선물한다. 이 나무를 퍼스트레이디인 헬렌 태프트가 워싱턴 D.C. 타이들 베이슨 쪽에 심었던 것이다. 역사를 조금 앞으로 돌려 보면 1907년 헬렌 태프트는 남편 윌리엄 태프트와 함께 도쿄를 방문했었고, 그때 벚꽃의 아름다움에 매료되었다고 한다. 윌리엄은 당시 미국 육군 장관이었고, 바로 미국이 일본의 조선 지배를 인정하는 대신 필리핀을 더 이상 넘

보지 않게 하는 '태프트-가쓰라 밀약'의 주인공이기도 하다. 이 조약을 계기로 미국과 일본은 우호를 더욱 다져 나가게 되고, 워싱턴 D.C.의 벚나무는 이런 미일 우호관계의 상징이 되었던 것이다. 벚꽃이 일본의 국화인 데다 이 역사적 사실 또한 우리나라 사람들이 벚나무를 일본의 나무라고 미워하는 이유 중 하나가 아닐까 싶다.

그러나 굳이 그렇게 생각할 필요는 없는 것 같다. 벚꽃이 워낙 아름다워 매료되었고 그것을 기억하고 선물해 준 것일 뿐이지 나무에 무슨 이념이 있겠는가. 단지 사람들이 자신들의 이념에 맞춰 그렇게 생각할 뿐인 것을.

아무튼 일본의 국화라고 하는 벚나무는 엄밀히 말해 왕벚나무이다. 그런데 재미있는 사실은 일본의 국화인데 일본에서의 자생 사실은 밝혀지지 않고 제주도에 자생하고 있다는 것이다. 특히 제주도의 해발 500미터 지점에 집중해 있다고 알려져 있다. 제주도의 해발 500미터를 기준으로 그 위쪽으로는 산벚나무가, 그 아래쪽으로는 올벚나무가 자라는데, 왕벚나무는 이 두 나무 사이에서 태어난 것으로 보고 있다. 하버드대학교 윌슨 박사는 왕벚나무가 올벚나무와 오시마벚나무 사이에 생겨났다는 잡종설을 발표하였다고 한다. 왕벚나무의 꽃이 참으로 아름답기 때문에 일본인들이 국화로 삼긴 했는데, 정작 일본에서의 자생 기록은 없고 제주도에 자생한다 하니 그들이 꽤나 당혹스러워하지 않았을까 모르겠다.

오늘을 살지만 내일을 봐야 한다

벗나무는 봄이 되면 어마어마한 양의 꽃을 매달게 된다. 가지가 꽃 무게를 버틸까 걱정이 될 정도이다. 그리고 꽃이 지고 나면 버찌라고 하는 열매를 또 가지 한가득 매달고 있다. 실로 꽃과 열매 모두를 탐스럽게 보여 주는 나무 중 하나다. 요즘은 도시의 공해를 걱정해서 버찌를 먹지는 않지만 어릴 때 버찌를 한 주먹 따서 주머니에 넣어 두었다가 먹곤 했었다. 주머니 속의 버찌가 터져서 빨간 물이 들면 어머니께 적잖이 야단을 맞기도 했지만 그래도 그 달콤새콤한 버찌의 맛을 참지 못해 해가 바뀌면 또 버찌 따기를 멈추지 않았었다.

그런데 아쉬운 점은 벗꽃은 오래가지 못한다는 것이다. 일상의 바쁨에 잠시 매몰되어 돌아보면 벗꽃은 이미 생명을 다하고 없는 경우가 많다. 꽃뿐만 아니라 나무 역시 수명이 그리 길지 못하다. 한 나무에서 그 많은 꽃과 열매를 생산해 내니 그 힘을 오래 지탱하기 쉽지 않을 것으로 생각된다. 미인박명이라 했던가. 나무에도 그 말은 적용되는 것 같다.

기업 경영자라면 모두 한 마음으로 회사가 오래오래 번영하기를 원할 것이다. 처음 창업을 하면 새로운 아이디어와 열정으로 기업을 키워 낸다. 소비자로부터 호평을 얻고 판매도 늘어나면서 회사는 성장하게 된다. 그런데 경영자들 중에는 초기의 성공에 도취

해 지속 성장을 위한 노력을 게을리하는 경우가 더러 있다.

성장의 정체

세계적인 경영 석학의 아티클 열 편을 기초로 엮은《하버드 머스트 리드 경영자 리더십(HBR'S 10 Must Reads for CEOs)》이라는 책의 제9장에 '성장이 멈출 때 대처법(When Growth Stalls)'이라는 제목의 글이 있다. 매슈 S. 올슨과 데렉 반 베버, 세스 베리가 함께 쓴 논문에 기초했다. 여기서 '스톨(Stall)'이라는 익숙하지 않은 용어를 썼는데, 우리말로 '성장 정체'를 의미한다고 한다. 이런 스톨의 순간 경영자가 어떤 지혜를 발휘하는가 하는 것이 이 글의 요지다.

우선 스톨이 생기는 근본 원인의 50% 이상이 네 가지 범주에 들어간다고 한다. 첫째, 프리미엄 포지션에 갇힐 때다. 오랜 성공 역사가 경영진을 단단히 에워싸고 있기 때문에 갇혔다는 표현을 썼다. 위기를 알아채고 변화를 시도할 때는 이미 늦었다. 한때 강점이었던 것이 무시무시한 약점으로 변하는 순간, 잔인한 역전이 시작된다고 적시했다. 지난 코로나19 기간 동안 비대면이 대세를 이뤘었다. 한때 경쟁적으로 매장을 확장했던 대형마트들이 엄청난 어려움에 직면했다. 경쟁사보다 접근성이 좋은 많은 매장을 확보하느라 열을 올렸는데, 코로나19 시기에는 매장이라는 최고의 무기가 거추장스러운 짐이 되어 버린 것이다.

둘째, 혁신경영에 실패할 때다. 대표적인 것이 R&D 기능을 본사(전사)가 아닌 사업부로 내리는 경우라고 말한다. 단기 투자수익률을 높이기 위한 조치를 경고하는 것이다. 이런 사례는 많이 알려져 있지는 않으나 2010년대 중반 휴렛패커드가 HP Inc.와 휴렛패커드엔터프라이즈로 분리되면서 R&D 및 기술 부문도 둘로 나뉘어 경쟁력이 약화되고 혼란을 겪었던 사례가 언급되고 있다.

셋째, 성급하게 핵심사업을 포기할 때다. 기존 핵심사업이 포화되었다고 보고 경쟁이 쉬워 보이는 다른 시장으로 옮기는 우를 범하는 것이다. 코닥은 2018년에 블록체인 기술을 활용해 사진 및 이미지를 관리하는 플랫폼 '코닥코인'을 발표했다. 처음에는 꽤 주목을 받았지만 여러 시행착오와 법적 문제로 인해 성장이 더뎠고 현재는 거의 중단된 상태로 알려져 있다. 본래의 코어 비즈니스인 사진 및 이미지 관련 제품과 서비스를 떠나 블록체인 및 암호화폐 분야로의 성급한 진출로 인해 어려움을 겪은 사례로 남아 있다.

넷째, 인재가 부족할 때다. 이것은 모든 산업과 기업에서 매일같이 벌어지는 일이라 말을 길게 할 필요도 없다.

다시 벚나무의 한살이와 비교해 보자. 프리미엄 포지션이란 뭘까? 벚나무가 꽃을 만개하여 봄의 여왕으로 군림하는 시간이 아닐까? 제 생명의 기운을 다 소진시킬 것도 모르고 감당하기 버거운 무게의 꽃을 피우니 그 위기를 알아채고 거두려 해도 이미 때늦은 후회만 남을 것 같다. 열매는 또 어떤가? 꽃이 지자마자 성급하게 열매를 맺는다. 경쟁이 덜할 것 같지만 봄비에 열매마저 기운 없이 떨어져 사람들의 발밑에서 짓이겨지는 신세를 면치 못한다.

벚나무에서 배우는 경영의 교훈

글을 쓰고 보니 나무에 빗대어 경영의 교훈을 얻는다는 게 너무 과장한 면이 있는 것 같아 벚나무에게 미안한 마음이 든다. 실상은 꽃이 진 이후 온 나뭇가지 가득한 푸른 잎으로 더운 여름까지 시원한 그늘을 만들어 주는 나무가 벚나무다. 괜스레 벚나무의 가치를 깎아내릴 이유는 없다.

정리하자면 벚나무 꽃이 아름답지만 그 생명이 길지 못하듯 기업이나 제품 역시 언젠가는 생명을 다하기 마련이다. 그래서 기업의 라이프 사이클 또는 제품의 라이프 사이클이라는 용어를 쓴다. 도입, 성장, 성숙, 쇠퇴에 이르는 라이프 사이클에서 자칫 시간을 놓쳐 버리면 흩날리는 꽃비에 취해 머지않은 시점에 경쟁사의 발에 짓밟히는 시든 꽃잎 신세가 되어 있을지 모를 일이다.

경영이라는 세상에는 골리앗을 노리는 수많은 다윗이 등장한다. 오프라인에서는 교보문고가 골리앗이지만 다윗이었던 예스24가 온라인이라는 공간에서 골리앗이 되었다. 그리고 어느새 밀리

의서재라는 다윗이 구독형 플랫폼에서는 골리앗이 되어 가고 있다. 신세계의 골리앗 쓱닷컴이 있지만 머지않은 미래에 마켓컬리라는 다윗이 골리앗을 쓰러뜨릴지 어찌 알겠는가? 중고나라라는 골리앗이 인터넷카페라는 공간에서 프리미엄 포지션을 누리고 있는 동안 다윗 당근마켓은 모바일앱이라는 플랫폼에서 강력한 돌팔매질로 골리앗을 능가하는 강자의 자리에 올랐다. 지금 우리 주위에 흔하디흔한 벗나무처럼 디지털 트랜스포메이션이라는 격동의 시대에 기업 생태계에서도 너무나 흔하게 다윗이 골리앗을 공격하고 있음을 명심하자.

무궁화가 알려 주는
타이밍의 지혜

피고 또 피는 꽃

나무에 대한 글을 쓰면서 반드시 담아야 할 나무 중 하나로 무궁화를 꼽았다. 왜 그런지는 굳이 말하지 않아도 알 것으로 믿는다. 무궁화가 피우는 꽃이 바로 내가 발을 붙이고 있는 나라, 즉 대한민국의 나라꽃으로 간주되기 때문이다. 참고로, 흔히 무궁화를 우리나라 국화로 알고 있는데 정식으로 국화로 채택된 기록은 없다고 한다. 애국가의 마지막 후렴구에 "무궁화 삼천리 화려 강산"이라는 구절이 반복되어 들어가면서 사실상 국화로 자리 잡았다고 한다.

호칭과 관련해서는 무궁화를 늘 꽃으로만 부르니 나무로 생각하는 사람이 많지 않은 것 같기도 하다. 실제로 무궁화는 어디서나 잘 자라는 나무다. 아욱과에 속하며 3~4미터까지 자라는 낙엽활엽관목이다. 관목(灌木)은 비교적 낮게 자라는 나무를 칭하며, 반대로 높게 자라는 나무는 교목(喬木)이라고 일컫는다. 그런데 무궁화는 나라꽃으로 간주되고 있음에도 불구하고 사람들로부터 그다지 사랑을 많이 받는 나무라고 하기는 힘들지 않나 싶다. 아쉬운 대목이다.

무궁화의 한자를 풀어 쓰면 '없을 무(無)'와 '다할 궁(窮)', '꽃 화(花)'로 구성되어 있다. '다함이 없는' 또는 '끝이 없는' 꽃이라는 뜻이다. 꽃이 지지 않는다는 의미를 지니고 있다. 과연 그럴까? 사실은 무궁화는 일일화(一日花)라 할 수 있다. 꽃 한 송이가 피면 하루를 산다는 것이다. 아침에 피었다가 저녁이면 지는 꽃이다. 보통 초여름이면 꽃이 피기 시작하는데, 최초로 꽃이 핀 날로부터 정확히 백 일 동안 순서를 바꿔 가면서 꽃이 피고 지기를 반복한다. 물론 생태적으로 정확히 백 일을 맞추지는 않는다. 사람들이 무궁화꽃을 높이 생각하면서 그렇게 여길 뿐이다. 무궁화꽃이 마지막 피는 날 첫서리가 내린다고도 한다. 그래서 무궁화꽃은 여름을 상징하는 대표적인 꽃이기도 하다.

꽃잎이 홑겹인 애국가의 무궁화

무궁화는 종류도 매우 많고 이름도 매우 많다. 수많은 무궁화 꽃 종류 중에서 우리나라의 나라꽃으로 삼은 종류는 꽃잎이 홑겹인 것으로 본다. 일반적으로 울타리로 많이 쓰이는 무궁화꽃 중에는 꽃잎이 여러 겹으로 된 것들이 있는데, 이 종류는 정확히는 나라꽃으로 삼은 무궁화꽃은 아니라고 본다. 나라꽃으로 삼은 무궁화의 특징은 중심부는 붉고 꽃잎의 끝은 대부분 엷은 분홍이며, 붉은 자주색이 중앙에서 방사형으로 번져 나가는 모양이다. 중심부의 붉음은 정열과 나라 사랑을 뜻하는데, 이것이 방사형으로 퍼져 나가는 것은 발전과 번영의 상징이라 해석한다. 꽃잎의 분홍은 순수, 정결, 그리고 단일을 뜻한다고 볼 수 있다. 요즘은 방송 시간이 과거와 달라져서 잘 모르는 사람도 많겠는데, 예전에는 밤 12시면 방송이 종료되었다. 이때 애국가가 나오면서 무궁화꽃이 등장했는데, 그 무궁화꽃의 모양새를 잘 떠올려 보면 이해가 될 것이다.

무궁화는 울타리용으로 많이 심긴다. 가지가 촘촘해서 나무를 겹쳐 심으면 좋은 벽을 만들기도 하거니와 촘촘한 가지 사이로 사람이 다니기도 쉽지 않기 때문이다. 콘크리트 담장보다는 무궁화 울타리가 훨씬 아름답고 정서에도 좋은 것은 더 말할 필요도 없겠다. 무궁화가 울타리로 많이 쓰여서 얻은 별명 중 하나가 '번리초(藩籬草)'인데, 여기에 전설이 하나 있다.

옛날에 장님 남편과 아리따운 아내가 살았는데 이 아내를 뭇 사내들이 가만히 두지 않았던 모양이다. 한 남자가 아내를 겁탈하려고 하자 아내는 이를 뿌리치다 끝내 목숨을 잃고 말았다. 아내가 죽기 전에 남편에게 자신을 마당에 꼭 묻어 달라고 하여 그렇게 했더니 그 자리에서 무궁화가 자라나 온 집을 둘러쳐 울타리가 되었다는 것이다. 살아서 남편을 온전히 돌봐 주지 못한 한을 죽어서 울타리가 되어서까지 지켜 주고자 한 아내의 일편단심을 느끼면서 무궁화를 더욱 아끼고 싶은 마음을 가지게 된다.

타이밍, 선택의 순간

나는 직업상 많은 기업들을 만나고 있다. 그중에는 과거보다 더 성장한 기업도 있고, 때로는 과거의 영화를 유지하지 못하고 어려움을 겪는 기업들도 많다. 그런데 기업들의 이런 차이를 살펴보면 여러 가지 이유가 있겠지만 타이밍이 매우 중요한 작용을 했다는 생각이 든다. 투자를 해야 할 타이밍, 언론과 관계를 형성해야 할 타이밍, 경영권을 물려주어야 할 타이밍 등 경영에 있어서는 여러 중요한 타이밍이 있다. 경우에 따라서는 이 타이밍이 매우 짧은 순간이지만 그 결과는 너무나 크게 나타나기도 한다.

과거 LG전자가 휴대폰 사업에서 꽤 큰 성공을 거두고 있던 시절이 있었다. '프라다폰'이라고 하여 탁월한 디자인에 우수한 성능까지 더해져 상당한 인기를 얻고 회사에도 큰 힘이 되었었다. 그러다 휴대폰 시장이 너무나 급속도로 스마트폰 시장으로 넘어가면서 어려움을 겪게 되었다. 사람들 간에 회자되는 소문으로는 당시 세계적인 경영컨설팅 회사의 자문을 받았는데 스마트폰 시장의 전망을 좋게 보지 않았다고 한다. 그래서 기존 피처폰에 역량을 집중시키기로 했다는 것이다. 그러나 뜻밖에도 애플의 혁신으로 눈 깜짝할 사이에 스마트폰이 시장의 주류가 되면서 LG전자는 큰 어려움에 빠졌다. 이후 중국 후발주자에도 자리를 내주는 등 고전을 하다가 결국 스마트폰 사업에서 철수하는 결과로 이어졌다. 한번 놓친 타이밍을 되돌리는 것이 얼마나 어려운 일인지를 잘 알 수 있는 사례로 꼽힌다.

결정을 잘해야 지혜로운 리더다

무궁화꽃이 피는 모습을 앞서 설명했지만 꽃 하나가 지면 옆에 있던 봉오리에서 새로운 꽃이 핀다. 비록 꽃 한 송이의 생명력이 길지는 않지만 나무 전체로 보면 끈끈한 생명력을 가지고 있다.

기업의 제품이나 서비스 역시 시장에 내놓으면 소비자의 사랑을 받다가 언젠가는 시들해지기 마련이다. 이때 소비자의 사랑이

식기 전에 새로운 제품이나 서비스를 준비했다가 메뉴를 변경해 주어야 하는데, 그러지 못하면 소비자의 입맛은 다른 곳으로 향할 수밖에 없다. 한번 떠난 고객을 다시 찾아오기는 정말 어렵다.

경영을 하면서 가장 힘든 것이 의사결정이라고 한다. 경영은 선택, 즉 의사결정의 연속이다. 지위가 높아질수록 의사결정의 무게는 더 커진다. 경영자라면 어쩔 수 없이 짊어져야 할 운명이다. 운명이 그렇다면 의사결정을 좀 더 현명하게, 그리고 무엇보다도 정확한 타이밍에 할 수 있는 혜안을 갖추어 나가려는 노력이 필요하다.

의사결정은 성공과 실패를 가른다. 우리가 대중매체를 통해 접하는 소위 성공한 사람들은 뼈를 깎는 노력으로 성공한 이들이다. 하지만 노력 못지않게 중요한 것이 결정할 수 있는 힘이다. 성공은 중요한 결정의 순간에 제대로 된 결정이 있었음을 의미한다. 지혜로운 경영자는 탁월한 의사결정의 기술도 가지고 있는 듯하다.

김경일 교수의 《이끌지 말고 따르게 하라》를 보면 지혜로운 리더가 결정 전후로 해야 할 일을 세 가지로 정리하고 있어 소개해 본다. 첫째, 지쳐 있는 사람에게 결정을 강요하지 않아야 한다. 의사결정은 엄청난 에너지를 소모하는 일이니만큼 의사결정 전에는 에너지를 되찾을 수 있도록 해야 한다는 것이다. 둘째, 이미 여러 가지 결정을 내린 사람에게 연이어 다른 결정을 강요하지 말아야 한다. 셋째, 잘 먹어야 한다. 마음과 몸은 따로 떨어져 있지 않고 연결되어 있다. 육체적 에너지는 곧 생각을 위한 에너지다.

자연의 알람에 맞춰 번영의 길로

~~~~~~~~

다시 무궁화 이야기로 돌아가 보자. 앞에서 미처 설명하지 못했는데, 무궁화꽃은 그 피고 지는 시간이 매우 정확하다고 한다. 아침에 피고 저녁에 진다. 꽃 중에는 이렇게 시간을 정확히 지키는 꽃들이 있다. 가령 박꽃은 반대로 해가 지고 숨을 때 피는 꽃이다. 아침 해가 떠오르면 진다. 반대로 달맞이꽃은 이름처럼 달이 뜰 때 피는 꽃이다. 분꽃은 피고 지는 시간이 정확하기로 유명한 꽃이다. 오후 4시가 되면 활짝 피어난다고 한다. 그래서 옛날 시계가 없던 시절 우리네 어머니들은 분꽃이 필 때 보리쌀을 씻어 저녁밥을 준비했다고 한다. 시골집 뜰 한구석에 분꽃이 그리도 많이 심긴 이유다.

식물들도 한살이 속에서 타이밍을 정확히 기억하고 지키는데, 기업은 어떠하겠는가? 한번 놓친 타이밍은 다시 돌려놓기 어렵다. 특히 요즘같이 경영의 시계가 빠르게 돌아가는 시대에 타이밍의 중요성은 아무리 강조해도 지나치지 않다. 우리는 승자가 모든 걸 가지는 생존경쟁이 격화되는 시대에 살고 있다.

최근 '챗GPT'가 온 세상을 떠들썩하게 하고 있다. 오픈AI에서 개발한 초거대 인공지능 모델이다. 구글도 '바드(Bard)'라는 인공지능을 만들었다. 그러나 챗GPT가 조금 더 앞섰다. 그 조금의 차이로 세상의 모든 이목이 챗GPT에 쏠려 있다. 조금 더 두고 봐야겠지만 챗GPT의 '타이밍'이 구글의 아성을 무너뜨릴 수 있을까?

'타이밍'은 사람이 감각적으로 감지할 수도 있겠지만 주위에서 접하는 수많은 이야기와 정보에서 포착할 수도 있다. 그러기 위해서는 늘 열린 마음으로 살피고 경청하는 자세가 필요하다. 경영자라면 항상 주위 애기에 귀를 기울이고 겸손함을 유지하도록 노력하면서, 동시에 마음속에는 무궁화꽃 알람을 하나 맞춰 놓으면 어떨까? 위대한 자연의 알람에 맞춰 정확한 타이밍에 가장 현명한 의사결정을 할 수 있는 경영자라면 무궁화라는 이름과 같이 '다함이 없는' 기업으로 오래오래 번영의 길을 찾아갈 수 있을 것이다.

진달래,
조직력을 보여 줘

영변에 약산 진달래꽃

몇 해 전 고객 회사 담당자 결혼식에 참석하기 위해 토요일임에도 불구하고 일찍 집을 나선 적이 있었다. 평소 새벽 일찍 출근할 때는 미처 눈에 들어오지 않았던 진달래가 아파트 단지 곳곳에서 분홍빛으로 군락을 이루고 있었다. 마침 결혼식 장소가 서울 양재동 꽃시장이 있는 곳이니 '오늘은 진달래가 왠지 가까이 있을 모양이다.' 생각을 했었다.

사실, 진달래는 우리 주위에 가장 흔히 볼 수 있는 꽃으로 진달 랫과 진달랫속에 속하는 낙엽활엽관목이다. '진달래', '참꽃', '두견화' 등의 이름이 있으며 한국인들이 가장 좋아하는 꽃 중 하나이지만 꽃시장에서 볼 꽃은 아니다. 봄이면 자연에서 지천으로 보게 되고, 또 자연에 있는 모습이 아름답기도 하다. 김소월 시인의 〈진달래꽃〉이라는 시가 한국 사람들로 하여금 진달래를 가장 사랑하게 만든 게 아닌가 하는 생각도 해 본다.

"나 보기가 역겨워/가실 때에는/말없이 고이 보내드리우리다.// 영변에 약산/진달래꽃/아름 따다 가실 길에 뿌리우리다."

흔히 진달래와 많이 헷갈리는 것이 철쭉이다. 가장 쉽게 구분할 수 있는 방법은 꽃과 잎이 피는 순서를 살펴보면 된다. 꽃이 먼저 핀 다음 잎이 피는 것이 진달래이고 철쭉은 그 반대이다. 즉, 잎이 없는 상태에서 꽃만 보인다면 십중팔구는 진달래라고 보면 된다. 추가로 진달래는 잎이 가지에 엇갈려 달리고 철쭉은 가지 끝에 동그랗게 모여 달리는 특징이 있다. 한 가지만 더 말하자면 진달래는 꽃잎을 먹을 수 있지만 철쭉 꽃잎을 먹었다가는 독성 때문에 큰 낭패를 당하기 쉽다. 조정래의 소설을 원작으로 해서 만든 영화 〈태백산맥〉을 보면 지리산 빨치산 게릴라들이 봄 보릿고개에 철쭉을 따 먹고 여러 명이 죽는 장면이 나온다. 매우 조심하고 주의를 기울여야 할 일이다. 그리고 진달래는 주로 땅이 습한 곳에서 잘 산다. 산에 가서 진달래를 보고 싶다면 해가 잘 드는 남사면(南斜面)보다는 그늘이 많아 약간 더 습한 북사면(北斜面)으로 가야 한다.

혼자보다 조직이 강하다

진달래를 집 주위에 혼하게 많이 심는 이유는 꽃이 아름답기 때문임은 이미 언급했고, 또 다른 이유 중 하나가 관목으로 서로 뭉쳐 자라기 때문이다. 뭉쳐 자라기 때문에 사람의 출입을 막아 주는 자연 울타리로서 그만이다. 따로 있을 때는 가녀린 꽃에 불과하지만 뭉쳐 있으면 큰 힘을 발휘하는 것이다.

기업도 그렇지 않을까? 흔히 조직의 힘이라는 표현을 많이 한다. 혼자서는 해내기 힘든 일들이 조직에서는 의외로 쉽게 해결되는 경우가 많다. 이때 우리는 조직의 힘이 강하다는 표현을 쓴다. 그런데 이는 어쩌면 당연한 일이기도 하다. 조직 속에는 다양한 연령, 경험, 배경지식, 인맥을 가진 사람들이 모여 있으니 어느 정도의 시너지는 발휘되기 마련이다.

최근 세계적으로 DEI(Diversity, Equity, Inclusion)가 주목받고 있는 이유도 같은 맥락이라고 본다. 그런 이유로 세계에서 가장 큰 HR 분야 컨퍼런스인 SHRM(Society of Human Resources Management) 컨퍼런스에서 2022년에 DEI를 크게 다루며 주의를 상기시키기도 했다.

오히려 그런 시너지를 만들지 못하는 조직이 더 문제라 하겠다. 중요한 것은 조직의 시너지를 얼마나 크게 잘 만들어 낼 수 있느냐하는 것이다. 이때 많이 등장하는 용어가 바로 조직문화이다.

조직문화란?

~~~~~~~~

조직문화에 대한 해석은 너무나 다양할 수 있기에 여기서 그 의미를 깊이 들어가고 싶지는 않다. 다만 미국 필라델피아에 본사를 둔 CLG(Continuous Learning Group)라고 하는 행동심리학 기반 컨설팅회사를 통해 접했던 의미가 매우 합당하다는 생각이 들어 잠시 소개만 하고자 한다.

그 컨설팅회사는 행동과학에 기반을 두고 사람의 행동을 바꾸는 방식으로 컨설팅을 하는 회사인데, 조직문화란 그 조직 구성원들이 보여 주는 행동양식의 집합체라고 정의했다. 일반적으로 대부분의 사람들은 그 반대로 정의를 하고 있지 않나 싶다. 즉, 조직문화라는 것이 잘 정의되어 있어야 구성원들이 그에 맞춰 행동하게 된다는 것이다. 조직문화 정립과 행동양식 간의 선후 관계가 반대다.

그런데 조직문화를 먼저 정의할 때 나타날 수 있는 문제는 '문화'라는 보이지 않는 것을 어떻게 정의해서 그에 따르라고 할 것인가이다. 그러다 보니 자꾸만 형이상학적인 접근이 될 수밖에 없다. 반대로 이미 발현되고 있는 구성원 행동의 집합체를 조직문화로 정의하게 되면 어떨까? 눈에 보이는 그들의 행동들을 관찰하고 그중 성과에 가장 좋은 영향을 주는 행동들을 찾아내고 교정해 준다면? 어쩌면 기업이 원하는 방향으로의 정렬이 보다 쉽지 않을까 생각된다. 뭐든 쉬워야 정착시키기 좋은 것이다. 요즘 경영자들이 요구하듯이 좀 더 손에 잡히는 접근 방법이 되지 않을까 생각해 본다. 아무튼 이 또한 한 가지 주장이고 시각일 뿐이니 의견이 다르다고 너무 민감하게 받아들이지 않았으면 한다.

2022년에 한근태 교수가 펴낸《재정의》를 보면 조직문화에 대한 정의 두 가지를 제시하고 있다. 첫째가 인디애나주립대학교 토드 휘태커 교수의 말을 인용하여 "그 조직 리더가 용인하는 최악의 행동이 모여 만들어지는 것"이고, 둘째가 "그렇게 행동할 수밖에 없게 만드는 조직의 분위기"이다. 좀 더 자세히 보면 '그렇게 행동하지 않으면 견디지 못하게 하는 조직의 분위기'라고 풀이하고 있다. 다만 한근태 교수는 자기의 사견임을 전제로 "조직문화를 만드는 건 바로 오너의 분위기"라고 하면서, "당연히 회사 분위기는 오너의 분위기에 달려 있다"고 하였다. 직원이 주인이라는 말을 많이 하지만 실제 조직문화를 좌지우지하는 사람은 오너라는 것이다.

역설적이면서 참으로 센스 있는 표현이란 생각이 든다. 흔히 기업에서 조직문화팀이나 직원행복팀 같은 조직을 꾸려서 다양한 프로그램들을 만들어 시행한다. 결과는? 짐작하겠지만 제대로 돌아가지 않는다. 오너의 생각이 바뀌지 않고서는 말짱 도루묵인 것이다.

우리 조직에는 우리 문화를

~~~~~

여기서 본질적으로 강조하고 싶은 것은 조직이 조직으로서의 시너지를 내기 위해서는 조직문화를 잘 정립해야 한다는 점이다. 조직문화를 정립하지 않고서는 결코 큰 힘을 발휘하기 어렵다는 것은 너무나 자명한 일이다. 그리고 이런 조직문화에는 당연히 그 조직, 기업만의 색깔을 잘 담아내야 한다. 남의 조직문화가 좋다 하여 그대로 우리 조직에 옮겨 올 수는 없는 노릇이다. 습기가 많은 곳에 잘 사는 진달래를 양지의 마른 땅에 옮겨 심는다면 잘 살 수 없는 것과 같은 이치이다. 따라서 기업의 경영자라면 우리만의 조직문화를 만들기 위한 각고의 노력을 기울여야 한다.

2018년 마이크 로만 CEO가 부임하면서 퇴색되긴 했지만 3M 은 혁신의 문화가 정착되어 있는 것으로 유명한 기업이다. 비록 실패를 하더라도 계속 도전하게 만드는 문화로 인해 지속적으로 새로운 제품을 개발할 수 있었다. 전체 매출의 30%는 신제품에서 만들자고 하는 그들의 도전 문화는 참고할 만하지 않은가? 하루 일과 중 약 20% 정도의 시간은 다른 상상을 하는 데 쓰도록 하는 구글의 문화 역시 참고가 되겠다.

꼭 창의성만을 참고로 할 필요는 없다. 직업상 다양한 기업을 만나다 보니 약간 과장을 더하자면, 기업 구성원들의 행동을 보면 삼성그룹인지 현대자동차그룹인지를 알 수도 있을 지경이다. 관련해서 작은 에피소드가 기억난다. 요즘은 많이 줄었지만 예전에는 영업을 위해 저녁에 술자리가 많았다. 1차, 2차, 3차까지 고객 성향에 따라 술자리가 이어지곤 했다. 이때 삼성그룹은 1차, 2차, 3차가 칼같이 정확히 계획으로 잡혀 있었다. 현대자동차그룹은 1차가 끝나면 막내 직원들이 서둘러 2차 자리를 찾으러 뛰어다닌다. 그리고 금방 장소를 정하고 돌아와서 안내를 한다. 그 저돌적인 모습이란……. 그렇게 기업별로 행동하는 방식이 달랐다.

아주 단편적인 사례에 불과하지만 조직문화란 그렇게 구성원들의 행동방식 속에 깊숙이 침투해 있는 것이다. 그러니 거기까지 이르기가 얼마나 힘들겠는가. 경영자로서는 좀 더 쉽게 가고 싶은 유혹을 느끼기 마련이 아닐까 싶다. 그렇지만 너무 쉽게 남의 조직문화를 베껴 쓰고자 한다면 진달래가 아니라 비슷한 모양이지만 독을 품고 있는 철쭉을 먹고 낭패를 보듯, 기업 또한 큰 낭패를 볼지 모를 일이다. 비록 힘이 들고 노력이 들지라도 조직문화만큼은 우리만의 것으로 만들어 내야 할 이유이다.

상생의 전령,
감나무

가장 가까이, 가장 다정한 나무

감나무 하면 왠지 모르게 시골 마당의 온화한 풍경이 그려진다. 초가집 굴뚝에 연기가 모락모락 피어오르고, 마당에는 닭이 모이를 주워 먹고, 그 옆에 한가로이 강아지가 졸고 있는 모습이 한 폭의 민화처럼 펼쳐진다. 그리고 마당 한편에는 풍성한 열매를 주렁주렁 달고 있는 감나무가 서 있다.

나무들은 대부분 목재로서, 약재로서, 관상수로서 사람에게 도움이 된다. 그런데 많은 나무들 중에서도 감나무는 유난히 사람들의 기억 속에 매우 친근한 나무로 자리하고 있는 것 같다. 누구나 좋아하는 감 열매 때문이리라.

나는 부산에서 태어났는데, 어린 시절 경남 거창의 막내 이모

댁에 놀러를 가곤 했다. 그 시골집에도 당연히 커다란 감나무가 있었던 것으로 기억된다. 늦가을에 가면 감나무 꼭대기에 있는 감을 따 먹기 위해 위험을 무릅쓰고 가지를 기어올랐다가 이모에게 꾸지람을 듣기도 했었다. 이모는 모처럼 놀러 온 어린 조카가 행여나 다칠까 염려되어 따끔하게 꾸중을 하셨지만 미리 따거나 주워 놓은 감을 인정 어린 미소를 머금으며 내주곤 하셨다.

그런데, 그 감을 너무 많이 먹어서인지 이모 댁을 다녀오면 항상 변비로 고생을 했다. 나중에 알게 된 일이지만 감에서 나는 떫은맛을 내는 성분이 타닌인데 설사를 멈추게 하는 효과가 있다. 반대로 설사가 없는 사람에게는 변비라는 불청객을 불러오는 것이다. 아무튼 감나무는 사람에게 매우 친근한 나무임에 틀림이 없다.

감나무가 가장 고급스럽게 쓰이는 분야는 뭐니 뭐니 해도 골프 클럽이다. 우드라고 불리는 골프 클럽은 본래 '진짜' 나무로 만들었기 때문에 우드라고 불린 것이다. 지금은 모두 쇠붙이로 클럽 헤드를 만들지만 전통적으로 공을 가격하는 클럽 헤드는 나무로 만들었다. 그 나무가 바로 감나무다. 김민식 내촌목공소 고문의 《나무의 시간》을 보면 골프 클럽 이야기가 가볍게 나온다. 재미있었던 것은 나무 헤드를 메탈로 처음 만든 제조사가 미국의 '테일러 메이드'인데 이 회사의 최초 브랜드는 '피츠버그 퍼시몬'이었다고 한다. 퍼시몬은 감나무의 일종이다. 지금도 미국에는 '퍼시몬 클럽'이라는 골프 커뮤니티가 있고 감나무 헤드 골프채만으로 경기를 한다고 하니 꽤 정감이 있다.

감나무에게 배우는 더불어 사는 삶

겨울에 접어들면 감나무 가지 끝에는 잘 익은 감이 몇 개씩 달려 있기 마련이다. 사람들은 그것을 까치밥이라고 부른다. 너무 높아 따 먹기 힘들어서 내버려 두는 것인데, 마치 까치에게 인심을 쓰는 것처럼 말한다. 그렇지만 그리 나쁘게 들리지는 않는다. 흔히 감나무에는 새가 둥지를 잘 틀지 않는다고 한다. 하지만 실제로 감나무의 가지 모양은 새가 집을 짓기에 아주 적합한 형태를 하고 있다. 그럼에도 불구하고 새가 집을 짓지 않는 이유는 사람들이 감을 딸 욕심에 나무를 자꾸 기어오르거나 흔들어 대므로 살기 불편하기 때문이다. 새나 사람이나 조용한 보금자리에서 살고 싶은 마음은 같은 모양이다. 감을 악착같이 따지 않는 집 마당의 감나무에는 새가 둥지를 틀고 잘 산다. 그러니 새가 둥지를 틀고 있는 감나무가 보인다면 그 집 주인의 인심이 후하다고 생각하면 거의 틀림이 없으리라. 이제부터 감나무를 좋은 인심의 상징으로 여겨 보면 좋을 것 같다.

이렇듯 살아가면서 내 것이라고 모든 것을 다 가지려 할 필요는 없을 것 같다. 때로는 남을 위해 남겨 두기도 하는 것이 좋겠고, 어떤 때는 내가 가진 것을 조금만 덜어서 남에게 나눠 주는 것도 좋은 삶이라 생각된다.

기업의 사회적 책임

경영에 있어서도 이제 이런 방식이 거의 필수가 되어 가고 있다. CSR(Corporate Social Responsibility, 기업의 사회적 책임)이나 CSV(Creating Shared Value, 공유 가치 창출)가 국내에서도 회자되어 온 지 이미 오래되었다. 최근에는 '사회적 가치(Social Value)'를 강조하는 기업들까지 등장했다. SK그룹 최태원 회장이 사회적 가치 이슈를 지속적으로 강조하고 있고, 실제 그룹 임원평가에 경영 실적과 사회적 가치 실천 결과를 반반 반영한다고 한다. 포스코 역시 기업시민실을 만들어 기업이 '시민'으로서 할 수 있는 역할을 다하고자 노력하고 있다.

특히, ESG경영을 본격적으로 도입하거나 준비하는 기업들이 많아지고 있으니 참으로 괄목상대할 변화다. 불과 얼마 전만 하더라도 우리나라 기업들이 이런 데 관심을 가진다는 것은 일종의 사치로 취급되었고, 보여 주기식 이벤트에 그쳤었다. 참고로 ESG경영은 '환경(Environment)', '사회(Social)', '지배구조(Governance)'의 영어 첫 글자를 딴 것으로 세계적인 관심을 받고 있는 주제이다. 기업의 비재무적 요소인 환경, 사회적 책임, 지배구조 개선을 고려하는 경영 활동을 말한다.

기업의 재무적 성과만을 판단하던 전통적 투자 방식과 달리 비재무적 요소를 충분히 반영하는 ESG 기반의 투자가 세계적으로도 확대되는 추세이다. 2000년 영국을 시작으로 스웨덴, 독일, 캐나다, 벨기에, 프랑스 등 여러 나라에서 연기금을 중심으로 ESG 공시제도를 의무화했다. 유엔 역시 2006년 유엔책임투자원칙(UNPRI: UN Principles for Responsible Investment)을 출범하여 ESG 이슈를 고려하도록 장려하고 있다. 미국 CNBC 보도에 따르면 '글로벌 ESG 펀드'가 1조 달러를 돌파했다고 하고, 우리나라에서도 유사한 펀드인 'SRI(사회책임투자) 펀드' 설정액이 3,000억 원을 넘었으며 수익률이 13.56%에 달한다고 한다. 환경을 생각하고 사회적 책임을 다하며 투명한 지배구조를 확립한 기업들의 성과가 그만큼 좋았다는 의미로 해석할 수 있는 대목이다.

그렇다면 기업들은 왜 이런 경영에 관심을 가지는 것인가? 한마디로 과거와 달리 이윤 추구를 위해 수단과 방법을 가리지 않는 경영으로는 더 이상 지속가능한 기업이 되기 어렵다고 판단하기 때문이다. 지역사회 속에서 기업 역시 그 사회의 일원으로 자리매김해야만 고객으로부터 사랑받는 기업이 되고 지속 성장이 가능하다는 인식이 자리 잡아 가고 있는 것이다.

그 결과, 기업들의 활동 역시 단순한 기부나 자원봉사보다는 자신들이 가진 자원과 역량을 활용해서 전략적으로 접근하는 사례가 늘어나고 있다. 통신회사가 외진 시골 마을에 전화를 설치해 주는 일, 정수기회사가 제3세계 오지에 맑은 물이 공급될 수 있도록 우물을 파 주는 일, 건설회사가 저소득 계층의 주택 개조나 어린이 도서관 건립에 참여하는 일 등이 그런 사례들이다. 이런 방식은 기업이 가진 역량을 활용하기 때문에 전문성을 바탕으로 더 큰 효과를 낼 수 있다. 물론 대중에게 더 친근하게 기업을 홍보하고 사업에도 도움이 되는 긍정적 효과도 생긴다. 참으로 바람직한 방향이라 하겠다.

핵심역량에 기반한 사회적 가치 실천

2019년 발간된 고려대학교 김태영 교수와 임팩트스퀘어 도현명 대표의 공저 《넥스트 챔피언》에는 다양한 CSV(공유 가치 창출) 실천 사례가 나온다. CSV는 하버드대학교 마이클 포터 교수가 제안한 개념이다. 이미 우리나라에 알려진 지도 꽤 되었다. 그럼에도 불구하고 저자들이 책에서 CSV를 논의하는 것은 다음과 같은 두 가지 의미가 있다고 주장한다.

첫째, CSV는 기업의 핵심역량에 기반을 둔 사회적 가치 창출 활동이다. 앞에서 내가 언급한 방향과 정확히 일치한다. 즉 사회적 가치 창출 활동이 비용을 쓰기만 하는 '비용센터'가 아니라 기업에 이익을 창출해 주는 '이익센터'라는 것이다. 이런 해석이라면 그간 사회적 가치 창출 활동에 관심을 갖지 않던 기업들에게 '기업이 왜 사회적 가치를 중시해야 하는가?'에 대한 실마리를 제시할 수 있다고 본 것이다. 둘째, CSR(기업의 사회적 책임)을 하는 기업이 비용은 많이 드는데 효과는 신통치 않다고 하는 문제를 해결하기 위해서라도 핵심역량에 근거한 사회적 가치 창출 활동을 해야 한다는 것이다. 기업 본연의 활동을 바탕으로 CSR 활동의 우선순위를 정할 것을 권하고 있다.

실제 책에서는 기존 방식과는 차별화된 새로운 가치를 만들어내는 방향으로 실천한 많은 사례들을 제시하고 있는데 몇 가지만 인용해서 소개해 보겠다. 먼저, 은행에서 통신과 식품까지 사회적 가치를 활용하여 다각화한 그라민(Grameen)이 있다. 방글라데시 빈곤 계층에게 무담보로 소액을 대출하여 빈곤 탈출에 성공적으로 기여한 '그라민 뱅크', 방글라데시 저소득층에게 부족한 영양소를 제공하는 데 성과를 거두고 있는 '그라민 다농', 그라민 레이디를 활용해 상품 판매나 일자리 정보를 획득할 수 있는 모바일 통신을 보급시킨 '그라민 폰' 등이 포함된다.

국토 크기에 비해 금융 인프라가 취약한 케냐에서 모바일폰을 활용한 송금 서비스 '엠페사(M-PESA)'로 비현금 결제와 송금을 실현시킨 보다폰의 사례도 유명하다. '이 재킷을 사지 마세요(Don't buy this jacket)'라는 파격적인 캠페인으로 유명한 파타고니아는 환경보호에 앞장서는 기업의 대명사가 되었다.

우리나라에서는 어떤가? 아직 규모 면에서 그리 크지는 않지만 좋은 취지와 목적을 가지고 설립된 스타트업들이 많다. 장애인 채용 플랫폼을 운영하는 브이드림은 재택근무가 가능한 장애인들의 취업을 돕고 있다. 상시근로자 100인 이상인 기업은 장애인 고용 의무가 있고 지키지 않을 경우 부담금을 매년 내야 한다. 기업이 장애인을 고용하지 않는 이유는 장애인 고용에 따른 시설 개선 등 다른 부담이 더 크기 때문이기도 한데, 브이드림을 통해 재택근무가 가능한 장애인을 고용할 경우 그 문제를 해결할 수 있는 것이다. 반대로 취업이 힘든 장애인들에게는 새로운 일자리를 찾게 해주는 나침반이 되고 있다. 브이드림을 통해 취업에 성공한 장애인들은 경제적 자립은 물론 일을 통해 사회에 필요한 사람이 되었다는 자신감을 얻는 등 정신적 자립까지 이루고 있다고 한다. 그 결과 당연하게도 브이드림은 장애인 자녀를 둔 부모로부터 열렬한 환영을 받는다고 한다. 직접적인 비용절감 효과를 거두게 된 기업들로부터도 큰 지지를 받고 있음은 물론이다.

21그램이라는 회사도 있다. 친구 사이인 건축설계사 두 명이 창업을 했다. 동물 화장시설 설계를 의뢰받고 사례조사를 하던 중 반려동물이 아무렇게나 버려지거나 소각되는 현실을 보고 이를 개선하기 위해 제대로 된 동물 화장시설을 연결시켜 주는 플랫폼을 만들었다.

이중 언어 법인이 되어야

이렇듯 이제 사회적 가치 창출은 기업이 신문에 홍보기사 한 줄을 쓰기 위해 해야만 하는 의무가 아니다. 기업의 존재이유를 설명하고 기업이 고객과 함께 성장하는 데 없어서는 안 될 필수적인 경영 요소가 되어 있다. 아직도 이윤만을 추구하기 위해 눈속임을 하거나 직원들을 과도한 노동으로 내모는 기업이 있다면 그 기업의 미래는 결코 밝다고 할 수 없다. 매스컴에 계속해서 터져 나오는 기업의 갑질 이야기는 기업 외부로는 소비자를 지치게 만든다. 내부에서는 조직의 구성원들이 이탈한다. 인재가 사라지게 만드는 것이다.

《넥스트 챔피언》에는 스탠퍼드대학교 사회혁신센터 버나뎃 클레이비어 디렉터가 말한 '이중 언어 인재' 이야기가 언급되어 있다. '이중 언어 인재'란 한국인이 영어를 잘한다는 식의 의미가 아니라 사회 영역의 언어와 비즈니스 영역의 언어, 양쪽 언어를 구사하는 사람을 뜻한다고 한다. 기업 역시 법인이라고 한다면 '이중 언어 법인'이 되어야 하지 않을까? 본연의 사업에서 성과를 창출하는 것은 당연하겠지만 사회 영역에서도 소통할 수 있는 기업이 되어야 하리라. 그리고 당연히 그 속에 있는 개인으로서의 구성원 역시 이중 언어 인재로 성장시켜야 한다.

끝으로, 일상생활에서 활용할 수 있는 감의 다양한 효능 몇 가지를 알려 드리겠다. 술을 마신 후 홍시를 먹으면 술이 깬다고 하고, 감꼭지를 감초와 함께 달여 마시면 딸꾹질을 멈추게 한다. 떫은 감을 갈아서 만든 즙액은 치질에 효능이 있다고도 한다. 감나무 잎을 달여 마시면 고혈압에도 작용한다고 한다. 열매와 잎 모두가 사람을 이롭게 하는 효능을 지니고 있는 게 감나무다. 제주도에는 감물을 들여 만드는 갈옷이 있다. 종이에도 감물을 들여 부채를 만드는 데 쓰기도 했다.

감나무는 사람과 가장 가까운 곳, 울타리 내에서 사람에게 이로운 많은 것을 제공해 주는 나무다. 그래서 사랑받는다. 기업도 마찬가지가 아닐까. 사회와 가장 가까운 곳에서 사회에 이로움을 제공해야 사랑받는 기업이 될 수 있으리라.

에필로그

국민대학교 김기원 교수님은 저서 《숲과 국가》를 "숲은 나무로 이루어진 공간"이라고 정의하면서 시작한다. 그리고 숲을 이루는 나무에 대해 "인간의 상상을 뛰어넘을 정도로, 지상 최고(最高), 최대(最大), 최고(最古)의 신령한 생명체"로 표현하고 있다. 김기원 교수님에 따르면 "나무를 공부하는 것은 나무의 장엄함과 위대함과 신령함을 공부하는 것"이다.

모든 경영자들은 경영을 하면서 내가 맡은 기업이 장엄하게, 위대하게 성장하기를 꿈꾸고 있을 것이다. 그리고 꿈을 실현하기 위해 끊임없이 공부한다. 우리나라에는 이른 새벽에 진행하는 조찬 세미나가 많다. 세계적으로도 희귀한 현상이란다. 세미나에 초청된 거의 모든 연사가 연단에 오르면 깜짝 놀라면서 "이 시간에 이 많은 경영자분들이 모이는 게 신기합니다."라는 말을 한다.

그렇다면 경영자들이 하는 그 공부에 나무에 대한 공부도 넣어보면 어떨까? 나무의 장엄함, 위대함, 신령함을 배우고 내가 맡은 기업을 장엄하게, 위대하게 성장시킬 수 있는 밑거름으로 삼으면 어떨까? 그것이 내가 이 글을 쓴 이유다.

요즘 경영자들은 챗GPT, 메타버스, AI를 직접 배운다. 관련하여 수많은 교육 프로그램이 전자메일을 통해 밀물처럼 밀려온다. 하지만 챗GPT, 메타버스, AI와 같은 기술이나 스킬을 배우기 이전에 나무를 통해 기업 경영의 큰 그림을 배우고 고민해 보는 건 어떨까? 나무의 한살이를 통해 경영에 필요한 철학, 미션, 전략, 인재, 고객과 같은 담론을 생각해 보면 어떨까?

나무를 가꾸는 것은 기업을 가꾸는 것과 닮았다. 나는 '키운다, 성장시킨다'라는 단어를 쓰지 않고 '가꾼다'라는 단어를 썼다. '키운다, 성장시킨다'에는 '사랑'이 빠져 있는 느낌이다. 기업을 경영하는 데는 '사랑'이 담겨야 한다고 본다. 기업이 영위하는 사업에 대한 사랑, 기업 속에 있는 사람에 대한 사랑, 기업의 제품이나 서비스를 제공받는 고객에 대한 사랑, 기업이 존재하는 지역사회에 대한 사랑 등이 내가 말하는 사랑이다. 나무를 가꾸듯 사랑으로 기업을 가꾸려면 어떤 노력이 필요할까?

첫째, 토양을 잘 일구어야 한다. 토양은 나무가 자라는 토대다. 기업의 토대는 업(業)에 대한 명확한 정의이다. 업의 정의가 명확해야 핵심가치도 명확할 수 있다. 최근 성공하는 스타트업을 보면 사회적 문제를 해결하기 위한 명확한 존재이유를 가진 곳들이 많다. '존재이유'가 있는 기업은 직원도 사랑하고 고객도 사랑하게 된다.

둘째, 좋은 거름이 주어져야 한다. 기업에서 거름은 인재가 될 수도 있고 기술이나 정보가 될 수도 있다. 어느 것이든 고여 있어서는 안 된다. 거름이 다 소진되면 끊임없이 새로 공급해야 한다. 그래야 영양 결핍을 막을 수 있다.

셋째, 다듬기다. 나무를 튼튼히 자라게 하기 위해서는 솎아주기를 해야 한다. 그러지 않으면 키는 크지만 부피가 커지지 않는다. 겉으로는 성장한 것 같지만 너무 나약한 존재가 되는 것이다. 개별 나무로 보면 가지치기도 중요하다. 어느 한 곳이 지나치게 두드러지게 놔두면 미워진다. 특히 썩은 가지는 아프지만 도려내야 한다. 그래야 전체가 건강해진다.

넷째, 공존을 허락해야 한다. 소나무에는 복령이 있고, 오리나무에는 균근이 있다. 참나무에는 겨우살이가 기생한다. 조금씩 나누어 주고 있지만 본체가 흔들리지는 않는다. 오히려 생태계를 더욱 건강하게 하고 명약을 만들어 낸다. 기업도 마찬가지다. 공급망을 공유해야 하고 협력사와도 상생을 추구해야 한다. 당장 약을 구하겠다고 복령을 캐고 균근을 캐내듯 하면 본체가 훼손될 수도 있다.

끝으로 상처 어루만지기다. 수액을 얻기 위해, 고무를 얻기 위해, 시럽을 얻기 위해 나무에 상처를 낸다. 하지만 상처를 낸 이후에는 반드시 회복을 위한 조치를 한다. 나무 스스로 회복탄력성이 높기는 하지만 상처를 어루만지는 사랑이 필요하다. 기업인들 장구한 시간 동안 상처가 나지 않겠는가? 기업은 다양한 리스크를 안고 있다. 리스크로 인해 상처가 날 때마다 도려내기만 한다면 스스로 일어나는 힘이 부족해진다. 스스로 회복할 수 있는 힘을 길러주는 것이 필요할 때가 있다. 조금 기다릴 수도 있어야 한다는 말이다.

이상과 같은 노력을 실천할 때 도움이 될 것 같아 통섭의 구루 최재천 교수님께서 《숲에서 경영을 가꾸다》에서 제시한 '경영십계명(經營十誡命)'을 공유해 본다. 국립생태원의 초대 원장을 맡으면서 학자에서 경영자로 살아가기 위해 스스로 정하고 실천하신 내용이니 좋은 귀감이 될 것으로 믿어 의심치 않는다.

하나, 군림(君臨)하지 말고 군림(群臨)하라.
둘, 가치와 목표는 철저히 공유하되 게임은 자유롭게.
셋, 소통은 삶의 업보다.
넷, 이를 악물고 듣는다.
다섯, 전체와 부분을 모두 살핀다.
여섯, 결정은 신중하게, 행동은 신속하게.
일곱, 조직을 위해서라면 기꺼이 치사하게.
여덟, 누가 뭐래도 개인의 행복이 먼저다.
아홉, 실수한 직원을 꾸짖지 않는다.
열, 인사는 과학이다.

볼품없는 글이 세상에 나오게 된다고 하니 떠오르는 사람이 많다. 먼저, 무탈하게 약 30년의 직장생활을 유지할 수 있게 내조해 준 사랑하는 아내 강수진에게 가장 감사함을 전하고 싶다. 함께 보낼 시간을 회사에 양보한 아빠를 이해해 주고 존경한다고 말해 주는 보석 같은 딸 어진이와 아들 해람이에게도 깊이 감사한다. 그리고 다양한 사례를 이 책에 담을 수 있도록 컨설팅 기회라는 터전을 제공해 주신 많은 고객들에게도 감사한 마음이다. 무엇보다 이 글을 세상에 내놓도록 자신감을 불어넣어 주고 내용 하나하나 세심하게 살펴 준 도서출판 예미의 황부현 대표님께 심심한 감사를 드린다.

참고문헌

게리 하멜 외, 《하버드 머스트 리드 경영자 리더십》, 매일경제신문사, 2019.

김경일, 《이끌지 말고 따르게 하라》, 진성북스, 2015.

김기원, 《숲과 국가》, 북스힐, 2021.

김민식, 《나무의 시간》, 브레드, 2019.

김종훈, 《우리는 천국으로 출근한다》, 21세기북스, 2010.

김태영 외, 《넥스트 챔피언》, 흐름출판, 2019.

김해룡, 《브랜드는 라이프다》, KMAC, 2019.

리즈 와이즈먼, 《루키 스마트》, 한국경제신문사, 2015.

리처드 도킨스, 《이기적 유전자》, 을유문화사, 2018.

마이클 유심 외, 《롱텀 씽킹》, KMAC, 2020.

미키 다케노부, 《일 잘하는 사람의 시간 관리법 10초 15분 1주일》, 시크릿하우스, 2020.

박용후, 《관점을 디자인하라》, 프롬북스, 2013.

서진영, 《스토리 경영학》, 자의누리, 2019.

유현준, 《어디서 살 것인가》, 을유문화사, 2018.

이경준 · 박상진, 《이야기가 있는 나무백과》, 서울대학교출판문화원, 2019.

이나모리 가즈오, 《왜 일하는가》, 서돌, 2010.

이나모리 가즈오, 《회계 경영》, 다산북스, 2022.

이문열, 《초한지》, 민음사, 2008.

이승한, 《EoM(Essence of Management) : 경영의 비법》, 한국능률협회미디어, 2015.

이유미, 《우리 나무 백가지》, 현암사, 2015.

임경빈, 《나무백과》 1~3, 일지사, 1988~2001.

임홍택, 《90년생이 온다》, 웨일북, 2018.

정재상, 《애자일 컴퍼니》, 클라우드나인, 2019.

제임스 W. 맥라모어, 《버거킹》, 예미, 2021.

짐 콜린스, 《좋은 기업을 넘어 위대한 기업으로》, 김영사, 2002.

최동석, 《성취예측모형》, 클라우드나인, 2021.

최재붕, 《포노 사피엔스》, 쌤앤파커스, 2019.

최재천, 《숲에서 경영을 가꾸다》, 메디치미디어, 2017.

켄 블랜차드, 《칭찬은 고래도 춤추게 한다》, 21세기북스, 2002.

켄 블랜차드 · 셀든 보울즈, 《겅호》, 21세기북스, 2001.

탈레스 S. 테이셰이라, 《디커플링》, 인플루엔셜, 2019.

한국능률협회컨설팅(KMAC) 편집부, 《CHIEF EXECUTIVE》, KMAC, 2002~2023.

한근태, 《재정의》, 클라우드나인, 2022.

헨리 체스브로, 《오픈 이노베이션》, 유엑스리뷰, 2020.

CX연구회(김연성 외), 《인사이트 있는 특별한 고객경험전략》, KMAC, 2023.

VOC경영연구회(김종운 외), 《VOC 3.0+ : 고객의 소리를 경영하라》, 한국능률협회미디어, 2013.

리더는 나무에서 배운다

나무에서 만난 경영지혜

초판 1쇄 발행 2023년 12월 31일

지은이 김종운
발행처 예미
발행인 황부현
편 집 김정연
디자인 김민정

출판등록 2018년 5월 10일(제2018-000084호)

주소 경기도 고양시 일산서구 중앙로 1568 하성프라자 601호
전화 031)917-7279   **팩스** 031)918-3088
전자우편 yemmibooks@naver.com
홈페이지 www.yemmibooks.com

ⓒ김종운, 2023

ISBN 979-11-92907-26-0 03320